〝偶然〟をキャッチして幸せの波に乗る7つの法則

善福克枝
Katsue Zenpuku

同文舘出版

はじめに――ワクワクする、もうひとつの成功法則

「備えよ、常に――」この言葉は、ボーイスカウトのモットーで、「備えは自信につながり、困難が起きたとしても、あわてず対応ができるようになる」ことを意図している。未来において、起こるか起こらないかわからないできごとに対して、今できる備えをしておこうという、積極的で前向きな姿勢です。この言葉を聞いたとき、3つのフレーズ「今できること」「未来の自分のあり方」「いつもスタート」が思い浮かびました。

「備え」というのは、まだ起きていないことに対しての行動です。であるとすると、備えるためにもっとも大切なことは、未来に起きて欲しいのはどんなことか、少し先のあなたはどんな心持ちで過ごしていたいかという「未来のあり方」から考えはじめることです。

すると、昨日と変わらない今日が「今ここからスタートする日」へと変化します。目標や夢、未来のあり方も、大切なのはスタートすること、はじめの一歩を歩き出すことです。

夢が実現できない、目標を達成できないと思うことがあります。それは、本当に実現できない、達成できないのではなく、これまでに耳にしてきた成功法則にそぐわないプロセスを辿っているだけなのかもしれません。夢や目標がないと語る人もいます。しかし、夢や目標

がなくても、何か新しい行動をすることで見つかる場合もあります。

この本でご紹介するのは、当たり前と聞かされてきたものとは、対極に近い成功法則です。「夢の実現には、日付より、ワクワクするあり方を探すのが大切」「あえて計画を立てない、意図して無計画な状態にすることで夢や目標が見つかる」といった具合です。

ひとつのことに集中するのはすばらしいことです。しかし、集中し過ぎて周りが見えなくなり、違う価値観や新しいできごとを見過ごすこともあります。すべてにおいて、いつも一極集中である必要はありません。さまざまなことに目を向け、耳を傾け、心をオープンにして柔軟な発想でいることによって、新しい出逢い、気付き、きっかけが生まれることがあります。

この本は、キャリア理論の「ハプンスタンス・アプローチ」と私の体験をベースに書きました。ごく普通の私ですが、プロセスを楽しみ、自分らしく夢を実現し続けている現在進行形の体験を通して、「あなたらしい夢の実現」をしていくための考え方やあり方についてお話ししています。「まずは、何かしてみよう」と一歩を踏み出す。あなたのそんな行動のきっかけを生み出し、もうひとつの成功法則で、あなたらしい夢を実現させてください。

２０１３年８月

善福克枝

“偶然”をキャッチして幸せの波に乗る
7つの法則
目次

3章 子どもの頃に夢中になったことを思い出す（夢中力）

4章 目標や結果を決めない行動をしてみる（柔軟性）

5章 リスクがもたらす大切なギフト（冒険心）

6章　うまくいったらどうしよう？と考えてみる（楽観性）

7章　つなげて考える、わけて考えるで〝好き〟が増える（切替力）

8章 〝できる〟を実感するまで続けてみる（継続性）

9章 自分流幸せの波乗り術『四次元ノート』

10章 今の行動を少し変えれば、未来ストーリーは大きく変えられる

装丁・DTP／ホリウチミホ（ニクスインク）
装丁写真／神島　美明
ヘアメイク／渡部　ゆうこ

1 章

計画的な人生から、偶然を計画する人生へ

計画は何のために立てるのか？

あなたは、何か新しいことをはじめるとき、学校の先生やご両親から、「きちんと計画を立てなさい！」と教えられてきたのではないでしょうか。

私はいつも、「計画を立てなさい！」「目標を決めなさい！」「ちゃんとしなさい！」と言われ続けて育ちました。夏休みの宿題からはじまり、就職活動、キャリアプラン、人生設計など、「計画を立てなさい」と言われてきたことが山ほどあります。

書店をのぞいてみると、ビジネス書のコーナーには、成功哲学や自己啓発といった類いの本がいろいろあります。たいていの本には、ゴール（目標）を決めて、いつまで（達成日）に達成するのか、ゴールから逆算をして、具体的に何をしたらいいのか、綿密に計画を立てて実行しなさい、といったことが書かれています。

目標、達成日、計画をしっかりと考えることで、自分の指針が明確になります。指針が明確になると、あとは行動に移すだけなので、理想的な目標達成ができるようになる、というわけです。

そうなのです。私たちが、幼い頃から言われ続けた「計画を立てなさい」というメッセージは、多くの成功哲学の本にも書かれていることなのです。

ところが、私にとってはこの「綿密に計画を立てる」ということ自体がとても苦痛なことでした。いくら綿密に計画を立てても、そのとおりにいかないことばかりだったからでした。

これまでを振り返ってみると、計画していたことがまったくうまくいかなかった、計画どおりにことが進まなかったことは山ほどありました。周りを見渡しても、計画どおりにうまくいっている人のほうが少なかったのです。しかし、それで不幸かというとそうではなく、幸せだと感じることはあっても、後悔したことはありません。

さらには、何かがうまくいっている方々のエピソードによくよく耳を傾けてみると「たまたま、あのときに失敗をして」とか、「たまたまのご縁で」、「偶然、声をかけられて」など、「たまたま」「偶然」といった言葉を耳にするケースが多いのです。

日本人で、ノーベル化学賞を受賞した島津製作所の田中耕一さんは、たまたま間違えた実験の最中に、祖母の「もったいない」という口ぐせをたまたま思い出し、失敗した実験を最後まで続けてみることにしたそうです。その結果、たまたま見たことがない現象を発見し、それがノーベル化学賞の受賞につながりました。

計画を立てるのは、大切なことです。田中耕一さんのケースでも、実験計画を立てて、それを実行していたに違いありません。化学実験ですから、非常に緻密な計画があったはずだと、素人の私でも推察することができます。

とはいえ、計画を立てる本当の理由は、ものごとを計画どおりに実行するためばかりとは限りません。

田中耕一さんのエピソードと私自身の体験から、そのことに気がつきました。

「人生とは、何かを計画しているときに起きてしまう別の出来事のことである」とは、アラスカに魅せられ、アラスカに生涯を捧げた写真家、故・星野道夫さんの著書『イニュニック［生命］―アラスカの原野を旅する―』（新潮社　1993年）で紹介されている言葉です。

「何かを計画しているときに起きてしまう別の出来事が人生」であるとするなら、私は高校1年生のときに、インパクトある出来事として、最初の経験をしました。

私は小学2年生の頃、親のすすめで体操競技をはじめました。すぐに、選手育成コースにスカウトされて「高校生でオリンピックに出場し、推薦で日本体育大学に入学。卒業後は体操の先生になって、次世代のオリンピック選手を育てる」という人生計画を、小学生ながら持っていました。

人生計画としては順調で、高校入学後に行なわれる世界選手権大会の国内二次選考会への出場が決まっていました。少しでも世界のレベルに近付こうと、新しい技の習得にも、意欲的に取り組んでいました。

ある日、床運動の練習中、簡単なジャンプをした瞬間に膝を痛めて、そのまま入院し、手術をすることとなりました。

この怪我によって、国内選考会はおろか、オリンピック選考会、インターハイなど、大きな大会の欠場を余儀なくされました。10代前半にピークを迎える当時の女子体操界にあって、このときのオリンピック選考会は、私にとって最初で最後のチャンスでした。オリンピックに出場できる実力があったかというと、正直厳しいものでした。

しかし、選考会に出場できないとなると、実力以前の問題です。土俵にすら上がることができず、実力を発揮する機会さえないのです。

たとえて言うなら、登山家が山に登らず、波乗りが海に入らないのと同じです。

計画を立てるというのは、本来計画どおりにものごとを推しすすめるためです。

しかし実は、計画どおりにすすまないとき、どのようにしたらいいのか考え現実とのギャップを把握して、新たな策を練るという、次のアイデアを生み出すために計画はあるのだということに、このとき気付いたのです。

偶然を計画する人生を『すごろく発想』で考える

計画を立てる理由には、2とおりあるということを前項でお話ししました。ひとつは、ものごとを計画どおりに推しすすめるため。またもうひとつは、物事が計画どおりに進まないという前提で、計画と現実のギャップを把握し、新たな策を練って、次のアイデアを生み出すためです。

前者の計画どおりに推しすすめるというのは、ゴール（目標）と達成日を決めて、達成日から逆算しながら、綿密に行動計画を立てて実行していきます。

これは、私も含めて多くの人が行なってきた計画の立て方で、ゴール逆算型の行動計画と言えます。それに対して後者は、計画どおりにすすまないことを前提として、何か計画とは違うことが起きたその時々で進み方を考えます。これは、計画とは違うことやアクシデントに対するアドリブ対応型とも言えます。

この本全体を通してお話しするのは、このアドリブ対応型ですが、意図的に「無計画にする」という要素を取り入れています。私はこれを、『すごろく発想の行動計画』と呼んでいます。無計画なのに、行動計画というのも変な話ですが。

この『すごろく型の行動計画』は、自分が知りたいことや興味のあること、ワクワクすることなどの気持ちを基点に行動していくため、意図して無計画だったりします。人によっては、いつも目標を決められないため、ときどきすごろく型になるという人がいるかもしれません。

ところで、意図的に無計画にしたり、偶然を計画する『すごろく発想の行動計画』とは、どのようなものなのでしょうか？

すごろくは、ある程度予測できることが、思いもよらないタイミングで起きて、進んだり、戻ったり、止まったりしながら、ゴールに到達するまでのプロセスを楽しむ遊びです。ゴールまでのマス目には、1回休み、3コマ戻る、5コマ進むといった具合に、さまざまなことが書かれています。また、サイコロで進むコマの数が決まるため、〝時の運〟という要素があり、ゴールまでのプロセスが面白くなります。

この〝時の運〟という要素がある以上、最初から「ここを目指す！」と、綿密に計画を立てることが難しいのです。できるだけ一気に進みたいと思っても1が出たり、ここは1コマでもいいと思っていたら、5コマ進むというマス目に当たることもあります。また、進み方が遅かったのに、後半で一気に追い上げて、一番にゴールするといったことも起こります。何度も同じことが起きたり、毎回予測もしないことが起きたり、思いもしなかった出来事の連続で、あっさりゴールに辿り着くということもあります。

『すごろく発想の行動計画』は、すごろくのように、予測できることと予測できないことを折り重ね、プロセスを楽しみながらゴールまで進むための行動計画です。

無計画と言いながらも、ゴールを目指すための何らかの行動はしていくのです。すごろくでいう、〝時の運〟という要素は、意図して無計画にすることと言えます。

現状の自分で考え得るゴールをイメージします。目標でもいいし、「自分がこうなっていたい」というあり方、心持ちでもいいのです。ゴールを目指すために関係のありそうなことも、なさそうなこともやってみます。脈絡がなくても、今自分が意図して選んだことは、ゴールにつながっていると考え、まずはやってみるのです。

そして、予測できないことがたびたび起こることを想定し、そのつど対応していくことを、計画の範疇として考えます。

このあたりが、『すごろく発想の行動計画』の肝となり、偶然を計画することができるようになるための、大切なエッセンスとなるのです。

〝綿密な計画ありきの行動〟ではなく、すべては、「やってみよう」という好奇心や動機をきっかけに行動してみます。行動して、起きたことに対応する経験を積み重ねます。

いわば、「行動＋経験＋対応策」を足し算のように積み重ねるということが、ゴールに向から行動計画なのです。

この「行動＋経験＋対応策」の足し算によって、予測しない出来事への瞬間的な判断力、対応力がついてくるため、偶然をキャッチする五感の力が高まります。

多くの人は、家庭、学校、職場での人間関係など、周囲の影響によって価値観を変えざるを得なかったり、過去の経験や今起きている出来事によって、考え方や生き方、自分自身のあり方が変化していきます。

『すごろく発想の行動計画』は、世の中の情勢がめまぐるしく変わる、現代に合った考え方です。予想できることが起こる。それでいて、予想できないことも起こり得るという前提で、目の前の出来事に対応しながら、経験則を一つひとつ積み重ねていくのです。

前進しても、後退しても、ピンチでも、幸せな出来事でも、すべてはすごろくのように積み重なっていくエピソードを、また、予測もしないことを楽しんで、一所懸命取り組んでみるのです。

すべては、ゴールにつながる道程なのだと――。

もちろん、目的の規模や日付といった数字の目標を決めたほうが、階段を上るように、ものごとを実現させていくことができる、という考え方が一般的かもしれません。

しかし、目標に向かう綿密な計画を立て、最初から自分を律するように、厳しくものごとを進めていっても、苦しくなって途中でやめてしまう人がいます。また、長い人生において、明確な目標がいつもあるとは限りません。

何より、途中で止めてしまうと、ゴールに到達できないし、夢を叶えることができません。さらには、明確な目標がないと立ち止まっていても、現状は何も変わりません。

こうした状況の中で、「私にはできない」と思ってる人も多いのではないでしょうか。

それは、あなたに夢を叶える力がないのではなく、夢を叶えるための計画の仕方、行動のあり方が違っているのかもしれません。今までのやり方でうまくいかないのであれば、少しやり方を変えてみませんか。ワクワクしながら、小さなエピソードを積み重ねていくうちに、ゴールに到達する『すごろく発想の行動計画』を、今日からはじめましょう。

偶然を計画する前に知っているといい3つのこと

偶然を計画する前に、知っているといいことがあります。

- **決められることと変えられることがある**
- **スタートとゴールだけ、仮に決めてみる**
- **偶然を計画するための7つの法則がある**

この3つのことについて、お話ししていきます。

たとえば、これまでにやったことがないことを頼まれると、「やるか、やらないか」ではなく、「できるか、できないか」を、まず考える人がいます。

過去の経験の中から、似た経験を思い起こし、頭の中でシミュレーションをはじめるのです。それから、「もし、できなかったらどうしよう?」、「うまくいかなかったらどうしよう?」と思いを巡らせ、不安や心配の種を増やしてしまうことがあります。

「できるか、できないか」というのは、自分の能力や適性以外に、周囲の環境が影響することがあります。実際に取り組み、継続するうちに、人間関係、職場の状況など、周辺環境が整い、可能性が生まれたり、高まることがあります。

その一方で、できないとしても、それは自分の能力が不足しているためではなく、環境が整っていない場合もあるのです。自分の能力、適性だけでは決められない部分も多いので、やってもいないうちから「できる、できない」と判断したり、不安や心配を膨らませるのはもったいないことです。

もしあなたが、100%決められることがあるとすれば、それは「やるか、やらないか」を自分の意志で選択することです。

毎日、私たちは常に何かを選択しています。「何時に起きる」、「何を食べる」という日常の小さなことから、就職や結婚など、人生の重大事まで、実にさまざまな選択の連続です。

わたしたちの身の回りに起こる出来事の中には、自分の意志の及ばないこともたくさんあります。しかし、自分で決められる部分について、人間関係や周囲の環境に流されることなく、100%自分で決めて選ぶ。こうした、意思のある選択を繰り返すことで、無意識に行なっている「習慣」を変えることができるようになります。

スタートとゴールだけ、仮に決めてみる

偶然を計画するために、『すごろく発想の行動計画』を実践してみましょう。今が0地点と考えて、スタートとゴールを決めます。その後、「○○をスタートします」と宣言するだけです。

9章でくわしくご説明しますが、できれば、自分らしい夢の叶え方をサポートするノート活用術『四次元ノート』の1ページ目に、「今日からスタートします」と自分自身への宣言をしてみましょう。何かをはじめたいときは、「はじめます」と声に出すだけで、不思議と一歩を踏み出しやすくなります。

では、ゴールはどうしたらいいのでしょうか?　ここでいうゴールとは、明確な目標やビ

ジョン、やりたいことである必要はありません。書けそうな人は、たとえば「２０〇〇年〇月に転職する」、「1年後に出版する」といった、明確なゴールを掲げてみてください。

明確なゴールを思い描けない人でも行動できるところが、すごろく発想の魅力です。たとえば、3ヶ月後の私は、今日よりハッピーでいたいとか、1年後には恋愛も仕事も充実していたい、といった自分自身のあり方や理想像でもいいのです。

このように、仮のゴールを設定することで、「〇〇をやってみよう」という最初の行動につながります。

メジャーリーガーのイチロー選手というと、一流の成功を収めた代表的人物です。いわゆる、ゴール逆算型の代表事例として語られることが多く、イチロー選手が小学生時代に書いた作文は、ビジネスシーンでも引用されるほど有名です。幼い頃から、明確な目標を掲げ、山登りのように、頂上へと一途に突き進み、高い目標を達成しています。

ところが、イチロー選手のように幼い頃の夢を実現できる人は、ほんのひと握り。大半の人は、充実した人生だとしても、幼い頃とは異なる目標や夢を実現させている場合が多いようです。

実は、私も大半の人の部類に入ります。幼い頃は、オリンピック出場後に体操競技のコーチになる夢がありましたが、ケガで挫折し、オリンピック出場の目標は断たれました。体操競技のコーチにもなれませんでした。何度も挫折をし、目標や夢がなかった時期もあります。**それでも、何か行動を起こしてみると、偶然の出来事に遭遇し、小さな失敗や成功を繰り返しながら、考え方や生き方、あり方が多様に変化していきました。**

さらに、度重なる偶然の出逢いによって、幼い頃に描いたことのなかった新たな夢が生まれ、現在は、フォトグラファーをしながら、こうして本を執筆させていただいています。イチロー選手のように、幼い頃の夢は果たせませんでしたが、やりたいことをして、充実した日々を過ごしています。

夢が断たれた頃は、自分が失敗ばかりしているように感じられました。ですから、何かが起こるたびに、「どうしたらうまくいくのだろう?」と考え、あの手この手と策を練るようになりました。それが、しだいにうまくいくようになっていったのです。

私自身の経験を振り返ると、「どうして、こんな偶然が起きるのだろう?」ということが、初めは少し起こる程度でしたが、しだいに、その数が増えていきました。

そんな中、キャリアカウンセラーをしている友人から**「ハプンスタンス・アプローチ」**という言葉を教えてもらいました。その友人は、くわしい説明をしてくれたはずなのですが、内容はほとんど記憶していませんでした。それでも、何となくフレーズだけが耳に残り、数ヶ月経った後に調べてみたのです。

米国・スタンフォード大学の教育学・心理学教授のJ・D・クランボルツ氏が提唱した考え方で、理論の骨子や、それを実践するための5つのキーワードに触れたとき、感動のあまりパソコンに向かって、「おーっ!」と声を上げ、鳥肌が立ったことを憶えています。

私が歩んできた人生や夢の叶え方、試行錯誤を繰り返しながら、体験を通して得てきた中核となるような考え方を、キャリア理論として提唱している人がいるということに、興奮せずにはいられなかったのです。

また同時に、イチロー選手のように夢一途に成功できる人はわずかかもしれないけれど、私のような夢の叶え方ができる人は、世の中に大勢いるだろうと思いました。

そして、私自身が実際に体験したことを織り交ぜながら、「ハプンスタンス・アプローチ」という考え方を多くの人に知っていただき、その人らしい夢を思い描き、実現する人が一人でも増えてくれたら、と考えるようになったのです。

クランボルツ教授は、ハプンスタンス・アプローチとして、「ひとつの目標に固執しすぎず、柔軟な気持ちを持って行動することで、偶然を活用してチャンスをつかみ、自分らしいキャリアを築いていこう」という考え方を伝えてくれています。そのために大切なこととして**「好奇心、柔軟性、冒険心、楽観性、継続性」**の5つのあり方を掲げています。

次章から、この5つの心のあり方に加えて、私自身がプラスした**「夢中力、切替力」**の2

つを合わせた7つについて、私自身の体験を交えながら、お伝えしていきます。

この7つの心のあり方をもって行動をすると、まるで、自分で計画したかのように、驚くような偶然が起こりはじめるようになります。

2章

日常に
ワクワクすることを
取り入れる
（好奇心）

仕事以外に楽しめることをはじめる

あなたは、今の仕事は充実していますか？「はい」と自信を持って答えられる人も、そうでない人も、生活が仕事場と家との往復になっていたら、「仕事以外の楽しめること」を今すぐはじめてください。

「これをやれば、仕事に役立つかな」といった打算的なものではなく、時間を忘れて楽しめることです。セミナーや勉強会に足繁く通っているのなら、マンネリ化しているものをひとつやめて、前々からやりたくて手を付けていないこと、心の底からワクワクすることを探して、すぐにはじめてください。

ワクワクすること、時間を忘れて楽しめることには、「好きこそものの上手なれ」と言われるように、熱心に取り組むことができます。また、上手になるためにさまざまな工夫を凝らすことも、楽しくてたまりません。

さらには、頑張らなくても継続できて、学び、気付き、工夫、上達と、自然な流れでつながっていきます。こうした一連の経験は、自らの主体的な活動の中から生まれたものなので、底力となって、確実にあなたの中に蓄積されていきます。

私は27歳のとき、7年間付き合った彼との結婚が破談となりました。当時の夢は、結婚、専業主婦、子育て。どれも同じベクトル上にあったため、すべてが泡と消えました。このとき私は、大学の事務職員でした。

あらためて、当時を振り返ると、その職場は年功序列が通例で、後輩は10名弱。下から突き上げられることがない代わりに、飛躍的なキャリアアップも見込めません。仕事に不満はないものの、とりわけやりたい仕事をしていたとも言い難い状態でした。

だからこそ、普通であれば、資格取得などを考えます。ところが、キャリア思考とは対極にある夢を描いていた私は、将来のキャリアをイメージすることができず、ただ漠然と、「このままではダメだ」という思いで悶々としていました。

そこで、自分の頑張れる何かが見つかるまで、頑張っている人を応援しようと思い付き、大好きなプロ野球選手の清原和博さんの追っかけをはじめたのです。これは、まったく仕事とは関係がないことでしたが、もっともワクワクすることでした。

楽しめることは、長く続き、多少うまくいかなくても、へこたれません。どうしたらうまくいくのか、ワクワクしながら考えていると、アイデアが湧いてきます。

趣味でやっていることでも、達成感やうまくいく体験を重ねると、仕事への意欲や自信、能力へつながっていくということは、何よりも大きな発見でした。

たとえば、私の場合でいうと、仕事にまったく関係のない追っかけという行動を通して、やりたいことが芽生え、技能習得の意欲が生まれました。具体的には、雑誌やパンフレットなどを制作するＤＴＰデザインという仕事。職場の広報室で大学案内制作の進行管理に携わり、そういう職種があることを知りました。

さらに興味を深めたのは『月刊ジャイアンツ』という雑誌がきっかけでした。『Number』のようにかっこいいデザインなら堂々と買えるのに――という個人的な趣向から、さまざまな雑誌のデザインを見比べるようになりました。併せて、デザインの重要な素材となる写真にも興味を持ちはじめていました。清原さんの笑顔を撮りたい一心で、一眼レフカメラを購入し、やりたい仕事に関連しているので、写真教室にも通いはじめたのです。

そしてデザイン学校に通う頃には、愛読誌だったフォトカルチャーマガジン『PHaT PHOTO（ファットフォト）』のデザインに携わりたいという思いが強くなっていました。趣味を通して、これまでに思ってもいなかった職種に興味を抱き、方向性がだんだんと定まっていったことを、今でもよく憶えています。

デザイン学校を卒業してすぐに、念願の『PHaT PHOTO』編集部への転職を果たしました。デザイン実務、雑誌業界経験ゼロの30歳。よくよく考えると、業界的には、あまりにも不利な条件がそろっていました。

それでも、この転職が成功したのは、追っかけの経験を活かしたアプローチを続けていたからです。五万といる清原選手のファンの中から、私を認識してもらうに至った経験や工夫をフルに活用して、楽しみながら編集長へのアプローチを半年ほど続けていました。

もちろん、転職できる保証などどこにもありませんでした。けれども、趣味がきっかけとなり、楽しんで夢中になって取り組んでいたので、今思うと、うまくいくための方法しか考えていなかったのです。

自分の仕事以外にも、興味を持ってみる

仕事以外で楽しめることをはじめるために、まずは、ワクワクすることをリストアップしてみましょう。

最初は、「洗濯物をたたむ」「キッチンを磨く」といった日常生活の中で夢中になれること、小さなこだわりがあることなどから書きはじめ、「ウクレレを弾く」「写真教室に通いたい」「車のカスタマイズ」といった、趣味としてはじめたいことを書き出していきます。まずは30個を目安に、できれば100個くらいあげてみてください。

リストアップする数が多いほうがいいのは、これまで意識していなかったこだわりや大切

な信念がわかり、あなたなりの「選ぶ方向性、選択の軸、あり方」などの傾向がつかみやすくなるからです。

ワクワクすることは、思いの外つながっていたりします。私でいうと、趣味で写真を撮りはじめた↓DTPデザインの仕事がしたい↓デザインの素材として、写真は欠かせない↓デザインの勉強と写真教室と両方通ってしまおう！　となっていたように。

リストアップした中から、すぐにはじめられること、同時進行ではじめられることを、並行してスタートさせてみてください。

毎日が忙しくてワクワクすることなんて思いつかないという人は、リストアップの前に、自分の職場を見渡してみてください。あなたの担当する仕事以外に、さまざまな部署、仕事があって、それぞれを担当する人がいます。あなたの仕事は、あなたが行なう。その当たり前の仕事を、隣や向かいの席の人が担当したら、どのように進行するのか。

あるいは、向かいの席の人が担当する仕事を、明日からあなたが任されたら、どのように進めていこうか。そもそも、向かいの人の仕事ってどんなこと？

こうして、今まで当たり前と思っていたことを、観察してみてください。周りの人が、どんな仕事を、どのように進めているのか。いつが忙しく、いつが落ち着いているのかなどを、仕事に差し障りがない程度に、聞いてみることもおすすめです。

もし、聞くことができなければ、仕事が疎かにならない程度に観察してみましょう。このとき、ただ作業として見るのではなく、どのような思いで取り組んでいるのか、どうしてそのやり方なのかなどを好意的、かつ興味深く観察します。

仕事の進め方、取り組み方などから、自分とは異なる価値観に気付くことができます。仕事の進め方そのものが参考になって、今までできていなかった課題解決の糸口が見つかるケースもあります。

当たり前のことを、いつもと違う切り口で受け取ることができ、何でもないことが興味深いことに変わると、ワクワクする気持ちのスイッチが入ります。

すると、昨日までは面白いと思えなかった仕事が、急に面白くなったり、進行のスピードが上がって、意欲的になることがあります。

私は、編集部に転職してからの3年間、常に複数の仕事を兼務していました。社長秘書、写真家マネージャー、総務・経理庶務、広告新規開拓営業、広告記事編集、広告進行管理、雑誌制作進行管理、書店営業、写真教室運営事務、イベント企画・運営、ウェブサイト更新、雑誌ファンクラブ運営事務・メルマガ発行などです。大手企業であれば、7～8つの部署に分かれるような、多岐に渡る業務に関わっていました。そして、その大半を1人で担当していました。

これらの仕事のうち、経理庶務とウェブサイト更新業務だけは、簡単な引き継ぎがありました。それ以外は、アウトソースしていた業務が多く、上司やわからないことを聞ける先輩もいなくて、社内では新しい業務でした。加えて、社長秘書を兼務していたため、自分の業務以外に社長のスケジュールやプロジェクトの進行を把握している必要もありました。

本来やりたかったDTPデザインは、3年間ほとんどできずじまいでした。一度、試験的に雑誌の誌面デザインをしましたが、落第点をいただく始末で、次号からはチャンスを与えてもらえなくなりました。一緒に入社した3名は、未経験でもやりたい仕事をやっている。しかし私は、やりたい仕事はやらせてもらえず、多岐に渡る業務を兼務。そのほとんどが未経験で、参考にする先輩もいないという状況でした。雑誌の原稿やデザインの締切前ともなると、スタッフ全員が忙しさのため殺気立ち、聞きたいことも聞けない雰囲気でした。

それまで、動かしたことがない仕事の種類と量に、四苦八苦していました。最初の数ヶ月間は、段取りも悪く、うまく仕事が回りません。転職したての頃は「使えない」というレッテルを貼られ、「あの人を辞めさせてほしい」という声も上がっていたそうです。そんな中、心の支えとなっていたのは、大好きな雑誌に関われる喜びと、たくさんの人に、この雑誌を知ってほしいという使命感だけでした。

その中で、私はできる限り周りの人がやっている仕事を横目で観察したり、電話でどんな人と何についてのやり取りをしているのかなどを聞きながら、自分の担当業務との共通点と相違点を探すようにしました。

また、総務という役割もあり、私信以外の手紙は開封し、内容を確認してから各担当へ渡すようにしていました。他のスタッフとしては、開封の手間が省けて合理的。私自身にとっても、スタッフの仕事の経過、進行している仕事、取引先などがわかって一石二鳥でした。

こうして、日々の業務の中から、他の人と自分の仕事の全体像との関わりを見出し、日々の業務をスムーズに進めていく工夫をしました。

転職したてで、はじめてやることばかりで、いつ音を上げてもおかしくない状況にあっても、ほんの少しだけ周りを見渡す余裕と好奇心を持つことで、仕事を楽しみながら、スキルを高めるヒントはいっぱい見つかるものなのです。

いつもと違う、普通と違うと思うことをやってみる

「いつも」や「普通」といった言葉は、ある一定期間何かをしたときに習慣となったこと、ルーティンになったことを言い表わす言葉です。しかしながら、その習慣やルーティンとなっているやり方に、いつも重大な意味があるとは限りません。

ときどき、習慣を変えるという刺激を与えることは、脳の活性化につながります。一所懸命頑張っているけど、なかなか成果が上がらない。そういうときは、いつもと同じ刺激だけしか与えておらず、脳が活性化されていない場合があります。本当に大切なのか、意味を持たないことなのかを見極め、意味を持たない習慣には、ときどき変化を与えてみてください。

大切な「いつも」を見極める基準は、とても簡単です。できることなら、毎日24時間やり続けたいと思えることかどうかを自分に問いかけてみます。毎日やっても飽きがこないだろうなあ、と容易に想像できることは、ぜひそのまま続けてください。

それとは逆に、毎日続けたいとは思うことができず、また無理して続けなくてもいいことは、その数を減らす工夫をしてみます。

習慣は、歯を磨く、同時刻の電車に乗る、同じ道をとおって通勤するなど、「いつもの」という言葉で表現しやすい無意識に行なっている行動です。

何かを特別に考えなくても行動できるため、ある状態を保つことを可能にし、安心感につながります。その代わりに、見ているようで見えていない、聞いているようで聞こえていないといったことが起こることがあります。

通勤ラッシュの電車に乗ると、乗り換え口や階段に近い車両は、驚くほど混雑しています。見渡すと、同じ時間の車両には、同じ顔ぶれが、同じ場所に立っているといった光景をよく見かけます。私も、会社員のときには、そういったことを毎日繰り返していました。朝の1分1秒はとにかく惜しい。駅に着いたら、少しでも早く降りて乗り換えたい。焦る気持ちが先行し、入口近くに乗ることが多くありました。

しかしあるとき、いつもの車両が混雑していて、どうしても乗ることができずに、2両先の車両に乗ると、ほどよくゆとりがあって、乗り降りもスムーズでした。

目的の駅で電車を降りると、混雑の中からやっと降りて来た、いつもの車両の人を見かけました。押し合いへし合いの中で、いつもの場所に無理して乗り、ようやくホームに降り立ったその人に、遠くの車両に乗っていた私は追いつくどころか、先にスムーズな乗り換えをしていました。

自分自身が、無意識にこだわっている「いつも」や「普通」と思っていることは、通勤電車の話のように、違った角度から見てみると、こだわるほどのことではなかったり、かえって無駄なこだわりだったりすることがあります。

2008年、東京都内のショッピングセンターに、ファミリー向けの写真館がオープンしました。オープンに先立ち、開店4ヶ月前から運営が軌道に乗るまでの3年間、私は企画・運営、フォトグラファー、若手フォトグラファーの教育研修担当として、マネージャーのサポート役を務めてきました。

製造系の仕事であれば、品質管理のために一元化された仕組みが必要ですが、お客様に対する接客やサービスは、生きた対応なので、このスタジオでは、常に「いつも」や「普通」と違うことを求められていました。

ある時期、前任者から引き継ぎを受けた方法が「やりにくい」と、批判的な発言を繰り返すスタッフがいました。お客様にとってのサービスの質が、よい状態で保たれるなら、やりやすい方法に改善してもいいよと告げました。

しばらく様子を見ていましたが、やり方は変わりませんでした。批判をしてみたものの、何も考えないのは楽で、具体的な問題点、改善点が見出せない状態でした。

マニュアルを作らないこのスタジオでは、お客様にとってのサービス向上を常に目指しているため、いつものやり方という考えをいったん横に置き、主体的に考えて行動するようマネージャーとともに、働きかけを続けました。すると、楽な仕事をしたいという中から、主体的に考えて行動できるスタッフが残り、育って、今に至っています。さらに、これまでの価値観を常に見直し、最善の状態を考えるという姿勢は、スタジオ運営全体にも反映されています。

本来、子どもを中心に、記念撮影をする写真館は、〝型もの〟と〝スナップ系〟の2つに大別されます。老舗写真館をはじめ、写真館大手のチェーン店は〝型もの〟が得意です。手の位置、脚の向き、袖の振り方など、着物らしいポーズでの写真が中心です。もうひとつのタイプは、自然光、あるいは自然光に見立てた照明で〝スナップ系〟のラフな写真を撮ります。最近では、ハウススタジオで撮るスナップ系写真が流行しているので、そういった写真館が急増しています。

ところが、祖父母が同行し、一緒に家族写真を撮るご家族の場合、祖父母は、着物らしいきちんとしたポーズを求め、お母さんはスナップを求める傾向にあるのです。「ふだんどおりで」「これまでは」と考えると、どちらかの傾向に分かれるところを、このスタジオでは〝型もの〟と〝スナップ〟のどちらも撮れる稀少な存在として、お客様に喜ばれ続けています。

サプライズを仕掛ける

誰かをちょっと驚かせようとすると、ドキドキワクワクした楽しい気分になります。

小さなサプライズは、いつでもすぐにでもできます。何でもない普通の日に花束を贈ったり、感謝の手紙を贈るなど――。

何もないところから、企画、実行、任務遂行まで、最小規模1人からスタートできる小さなプロジェクトがサプライズです。相手がビックリする顔を想像しながら、どんなサプライズにするかを考えます。

内容が決まったら、どんなシチュエーションで、どんなタイミングで実行するのか、具体策が決まります。考えるだけでもワクワクしますが、具体策を一つひとつ実行し、相手が驚くところまでのストーリーを展開させるプロセスは、何より自分自身も楽しめます。最終的には、相手も驚きながら幸せそうに笑ってくれて、任務遂行完了となりプロジェクトは終了します。

さらに、大人が複数人協力できるとなれば、かなり手の込んだサプライズを真剣に楽しみ、徹底して仕掛けることができます。幸せな気持ちになることで、誰かを驚かせるとき、関わるすべての人が不思議なくらいに一致団結し、全力で協力し合います。手が込んでいたり、じっくり時間をかけた、少し大掛かりなサプライズほど、下手なチームビルディングの研修を受けるよりも実践的で、実りある結果に結び付く可能性を秘めている気がします。

一致団結する、思わぬ人がリーダーシップを発揮する、自発的に楽しみながら実行するなど、今まで気づかなかったチームワークや個人の能力の再発見につながります。何より、関わる人は、積極的、かつ主体的に楽しんで行動してくれます。

私が、かつて行なった最大規模のサプライズは、200人で1人の友人を驚かせるというものでした。私は編集部を退職し、フリーになってしばらくの間、自らが携わっていた雑誌主催の写真教室に通っていました。教室の各クラス有志15人程が集まって幹事グループを結成し、自分たちも楽しみながら、たくさんの読者が参加できるイベントの企画運営を3年に渡って行なっていました。幹事グループで企画したもっとも大規模なイベントは、浅草花やしき遊園地を貸し切って行なった２００人規模のイベントでした。２００人規模となると、ほぼ仕事と同等のプロジェクトとなります。

グループのメンバーは、それぞれの仕事で忙しくしながらも、毎日のようにメールをし、週末にはミーティングを重ね、半年間の準備期間を経てイベントを開催しました。

それと並行して行なっていたのが、幹事グループリーダーへ向けたサプライズでした。会社員をしながら、プロのフォトグラファーデビューを果たしたリーダーへ、幹事と参加者を合わせた２００人からイベント当日にお祝いメッセージを贈ろうと考えました。イベント開催まで、１週間を切った頃に急浮上したこのアイデアは、水面下でどんどん準備が進められ、急ピッチで実行されていきました。

当日、イベントを進めていく中、２００人の参加者にもサプライズの話が伝染するように伝わり、イベントの終盤でそれは見事に成功し、リーダーは少し目を潤ませていました。

ただ、何となくサプライズを仕掛けているように思えますが、いつ、どこで、どんな内容のサプライズを仕掛けるか。これは「企画」です。誰をどういう趣旨で驚かせるのか、どんな協力をお願いしたいのかといったことは、協力者を募る「交渉」です。役割分担を決め、担当したことを実行し、状況報告をする。これは「プロジェクトの運営、進行管理」にあたります。

サプライズは、何かをやってみようと思ったら、今すぐはじめることができます。小規模なところからチャレンジしてみて、ちょっと大掛かりなものを友人と一緒に実行することもできます。サプライズを仕掛けるのが大好きな人はとても多く、協力を仰ぐと積極的に手伝ってくれる人もまた、たくさんいます。

仕事で、プロジェクトを動かす、プロジェクトリーダーになるといった場合、対外的な会社との関係、関わる人の数や規模が大きくなることもあります。また、経験や実績が必要だし、それなりの責任も伴います。情熱や意気込みをもって、自ら手をあげ名乗り出たとしても、プロジェクトチームに入れるかどうかは、会社が決めることであって、自分の一存では決められません。

その点、サプライズを仕掛けるという、遊び心で動かすプロジェクトであれば、関わり方、企画規模や内容、メンバーを誰にするか、準備期間、役割などを、すべてを自分や仲間内で決められます。

たとえば、仕事でやったことがない役割を担当してみて、自分の新しい可能性や適性を見つけるきっかけにすることもできるし、いつも仕事でやっていることを担当して、精度の高いプロジェクトに仕立てることもできます。仕事では、お試しというわけにはいきませんが、リプライズであれば、お試しやチャレンジがしやすくなります。仕事に必要な学びやスキルは、いつも仕事からしか学べないというわけではありません。好奇心を持って楽しむことで、身に付くことはいくらでもあるのです。

好きな人を応援する

2章では、「仕事以外に楽しめそうなことをリストアップする」、「同時進行で何かをはじめてみる」、「サプライズを仕掛ける」といったことで、日々の中に好奇心が溢れ出すエッセンスをお話ししてきました。好奇心が湧き立つことというのは、その本質的な部分が、自分の人生の目標や夢につながりやすい、あるいは直結しているということです。

ところが、自分が純粋に楽しめることというのは、そのことを大切にしたいからこそ、人生の目標や夢として直接掲げることを躊躇する人がいます。そんなときは、まず好きな人を応援することからはじめてみてください。

好きなスポーツ選手、俳優、文化人といった有名な人から、会社の先輩、同僚、同じ大学の仲間に至るまで、「この人、好きだな」と思える人を応援するのです。それも1人に絞ることなく、複数の人を応援してもいいのです。

好きに理由はない、理屈ではないと言われますが、なぜその人を応援したくなるのか、その理由を考えて言葉にしてみるのです。たしかに、「好き」に理由はありません。なぜ、ワクワクするのかと問うと、そこに理由はないのかもしれません。

でも、人は思考する生き物です。頭の中で漠然と考えていると、理由も、明確な言葉も見つかりませんが、考えたことを言葉にすると、大切な価値観が明確になり、行動につながりやすくなります。「なぜ好きなのか？　なぜワクワクするのか？」と問うと、言葉にはしにくいかもしれません。しかし、「どうして、その人を応援したくなるのか？」と問うと、言葉にできることが増えます。

「どうして、その人を応援したくなるのか？」

この問いかけを、まずは自分自身に投げかけてみてください。応援したい人が複数いたら、それぞれの人の応援したくなる要素をあげてみてください。

この問いに対する答えには、自分が進みたい方向への重要なエッセンスが含まれていることがわかります。自分が大切にしたいこと、やりたいけれど、今の自分にはできていない憧れ、こうなれたら楽しく充実しているだろう、と思えることなどが、言葉として明確になっていきます。

私は、一職業人として、放送作家の小山薫堂さんに憧れています。小山さんの活動に注目し、著書を読んで、その考え方、発想を吸収することを楽しみながら行なっています。私自身の声を届けたことはありませんが、陰ながら応援しているのです。

そして、先ほども登場した、清原和博さんとその奥様の清原亜希さん。この3人が、私の応援したい人、大好きな人たちです。

小山薫堂さんは、私が理想とする職業観につながる人です。小山さんは放送作家からはじまり、商品やサービスのプロデュースを行なったり、海外でも話題となった映画『おくりびと』の脚本を書いています。さらに、大学教授も務める多彩な方です。

最近では、2011年の九州新幹線全線開業に伴い、熊本県のPRマスコットとして、ゆるキャラの「くまモン」をプロデュースしたことでも有名です。

清原和博さんは、私の人生観やあり方につながっています。目標に向かって突き進む情熱とひたむきさ。そして、仕事に対しては真っ向勝負ですが、一歩仕事を離れると茶目っ気たっぷりのいたずらを仕掛け、周囲を笑いの渦に巻き込みます。

また奥様の亜希さんは、女性として「こうなれたらいいなあ」という理想の人です。笑顔が素敵で、出逢う人みんながつられて笑顔になります。モデルというカッコいい職業を続けながら、料理が上手で家庭的な方でもあります。

どうして、好きな人を応援したくなるのか。このことを突き詰めていくと、自分のこうありたいという姿が浮かび上がってきます。

記憶を辿ると、幼い頃、「将来の夢は?」「大きくなったら、何になりたい?」と聞かれたことが、たびたびあったことでしょう。多くの人が、学校の文集や作文の課題として、自分の夢を綴ったことが、一度はあると思います。

男の子では、サッカー選手やプロ野球選手。女の子なら、ケーキ屋さんやアイドルが、なりたい職業として、例年、上位にランクインしています。このような幼い頃に憧れた職業に就ける人は、全体の2割程度と言われています。

幼い頃の夢を実現させる人が少ないということもありますが、幼い頃に抱いた夢は、スポーツ選手、ケーキ屋さん、アイドルといった、わかりやすい職業として、アイコン化されているだけかもしれません。このアイコン化された職業にも、好きな人を応援する理由とともに、自分の大切にしたいあり方が潜んでいる可能性があります。

幼い頃の夢も、叶えられなかった過去のこととするだけではなく、その職業に憧れた理由を見つめ直してみてください。今の自分、これからの自分が大切にしたい職業観、人生観につながるヒントが隠れています。

もし、○○だったら？を考えてみる

幼い頃から、「もし、○○だったら？」と、考えたり想像することは、誰もがやっていたことでしょう。パイロット？ 野球選手？ アナウンサー、キャビンアテンダントになれたら？ などと夢想したことが、誰でも一度や二度はあるのではないでしょうか。

もし○○だったら、○○になれたとしたら、何が見えて、何が聞こえ、どんなことを感じるのか？ 漠然としていても、少しずつ言葉にしていくことで、イメージが湧きやすくなっていきます。

イメージというと、写真のような静止画で見えると考える人が多いので、何かが聞こえてきたり、ワクワク、ドキドキといった、体で感じる感覚的なものが湧いてくる人もいます。私は体操競技をしていたこともあり、映像でイメージが見え、体を動かすことで、それを自分の中に落とし込んでいくタイプです。映像的なイメージから体の感覚へという流れを意識することで、やがて明確な言葉やはっきりとした方向性につながっていきます。

人それぞれのイメージの受け取り方は、見えたり、聞こえたり、感じたりと異なります。〝もし、○○になれたら？〟と想像しながら、ご自身の感覚に目を向け、耳を傾け味わってみてください。「想像すること」は、子どもだけの特権ではありません。大人になってからも、定期的に、そして存分に〝もし〇〇〟と、自由に想像する時間を作ってください。

想像力は、あなたが考えているより、もっとずっとスケールが大きく、可能性を秘めた力です。あなたが、自分で設定した枠の範疇に想像力を留めたり、ためらうことはありません。今やるといいのは「こうなったらいいなあ」と、ただ想像すること。想像したことが、そのとおりになるかどうかは問いません。たとえ、叶えられそうにもないと思えても、あなたの想像できることが、大きく豊かなことであったなら、できる限りその壮大さを表現するようにしてみます。想像することは自由です。想像しているだけですから、わざわざ枠を設けて制限するのはもったいないことなのです。

もしかすると、豊かな想像力を発揮しながらも、途中で「そんなことできるわけないよ」と、もう1人の自分の声が聞こえてくるかもしれません。その理由は簡単で、これまでにたくさんの想像を重ねてきたけれど、想像どおりになった、あるいは想像を超えた経験が少ないからです。それでも、あなたが想像できることは、実現できる可能性を秘めています。広がりゆく想像力と可能性がうごめきはじめたときに、自らに枠や制限をかけてしまうよりも、枠や制限を広げられるようにしたいものです。

人は、「いつもと同じ」ということに安心をする生き物です。それは、〝恒常性〟という同じ状態を保とうとする生物的な反応も影響していると考えられます。

通常、人には体に対する外部からの変化に対応して、内部の状態が常に一定になるように、あるいは一定の状態が保てるようにする仕組みがあります。

体はいつも、変化と安定との間を行ったり来たり、ゆらぎの中にあると言えます。このゆらぎに対応しているのは自律神経です。自律神経は、ストレスに弱い反面、鍛えることができるとも考えられています。自律神経は、簡単に言うと、「興奮とリラックス」に対応する神経機能です。交感神経は興奮に対応し、副交感神経はリラックス状態に関わっています。

夜寝ているときは、無意識であっても呼吸をし、体の循環を保っていて、リラックスの役割を果たす副交感神経が優位になっています。朝、目覚めて活動をはじめると、交感神経が優位になりはじめ、運動をして汗を流す、仕事で失敗してドキドキして心拍数が上がる、電車に乗り遅れて冷や汗をかくといった場合は、交感神経が優位に働いています。

私は仕事柄、たくさん写真を撮りますが、写真を撮るときと見るときとでは、自律神経の優位な働きが変わります。カメラを持って写真を撮るときは、交感神経が優位に働いているケースが圧倒的に多いのです。

被写体を観察し、反応よく動いてシャッターチャンスを逃さないように気持ちを張り詰めながら撮る。それは、どこかスポーツのようで、体を適度に動かしながら集中しています。

そして撮り終わると、プールに入った後のような、心地よい眠気を感じます。一方で、写真そのものを見ているときは、副交感神経が優位に働いています。科学的にも証明されているのですが、思い出の写真、可愛い動物、美しい風景、好きな人や家族などの写真を見ると、ストレスが低減されたり癒され、リラックスすると言われています。

この興奮したり、リラックスするという自律神経の働きは、どちらもバランスよく行なわれていると、より活性化されていきます。

たとえば、好きな写真を見て、もし○○だったら？　と、ぼーっとしながら何となく想像するときは、リラックスしています。さらに想像を膨らませ、何が見え、何が聞こえ、どんなことを感じたかということをリアルに思い浮かべながら、ドキドキしたり、体がポッと温かくなるなど、体が反応するほどに高揚していくと、交感神経の働きへと変化していきます。

ふだん、忙しさのあまり仕事にばかり追われていると、興奮した状態に偏ったり、知らない間にストレスが増えることがあります。ですから、忙しいときほどリラックスして、もし○○だったら？　と楽しいことを想像する、好きな写真を見るなどの時間を意識的に持つことで、心と体のバランスを取りやすくなります。

3章

子どもの頃に夢中になったことを思い出す（夢中力）

時間を忘れて没頭したことを思い出してみる

何かをしていて、「気がついたら、こんな時間になっていた」と思うこともあれば、「まだ、これだけしか時間が経っていない」と思うこともあります。

時間の流れ方は常に変化します。もちろん、実際に流れるスピードが変わるということではなく、あなたの感覚によって受け止め方が変わり、驚くほど短い時間に感じたり、とてつもなく長い時間に思えることもあるということです。

あなたには、やればやるほど夢中になることはあるでしょうか？　最近、寝食を忘れ、時間が経つのも気付かずに取り組んだことはありますか？

締切りや仕事に対する強い責任感に追われることなく、ふと気づくと夢中になっていたという経験があるとしたら、あなたにとって、それはとても大切で、大好きなことでもあります。

最近、そこまで夢中になることがないと感じた方は、子どもの頃に夢中になっていたことを思い出してみてください。

子どもの頃に時間を忘れて没頭したことで、今のあなたが思い出せる範囲のことでいいのです。

子どもの頃のことを思い出すのに時間がかかる場合は、会社や学校に所属していた年ごとに遡って考えていきます。できれば、リストにしてみてください。

図－1（53ページ参照）は、私が夢中になったことのリストです。思い出せるところから、書いていきました。年齢の項目は、主に学校に在籍した年数や自分で転機を迎えたと考える年齢でブロック分けしてみました。

エッセンスや気付きの項目で、気になるキーワードに印を付けてみました。学校の在籍期間を除いて、およそ3、4年で区切られたことにも何か意味がありそうですが、ここではあえて意味付けしないでおきます。

こうして見てみると、私の場合、自分自身が幼い頃から好きで夢中になっていたことには、共通項があったり、形は違っても同じような行動を取っていることがわかりました。思い出したことの中から、できそうなことを、もう一度やってみるのも、新鮮さがあって面白いものです。

やってみようと思うことがあれば、ぜひ、2章のワクワクすることにもつながるので、はじめてみてください。

このリストは、何かをやるためのリストというよりも、あなた自身の「夢中のスイッチ」が入るポイントを探るのに有効活用したいリストです。

そのことに夢中になったのは、どんなところが魅力的だったのか？　どのように楽しかったのか？　などを考えてみると、自分が喜ぶことの本質が見えてきます。

私の夢中力を例に、リストを見ながら探ってみます。

行動として主に共通していることは、「考える」「企画する」「表現する」「ものを作る」「(人が集う) 場を作る」の5つです。行動を実行することで感じる状態としては、充実感、達成感、爽快感、安心感、信頼、幸せな気持ちなどが浮び上がってきました。

5つの行動を支える動機は、誰かの喜ぶことがしたい、笑顔と魅力が輝く瞬間に立ち合いたい、頑張っている人をサポートしたいといったことのようです。

そして、この動機から行動を促すために必要なこととして、新しいものへの興味、わからないことがわかり、できないことができるようになること、うまくいくパターンを知り、誰もがうまくいくパターンにして伝えるといったことにつながっています。こうした図式が、「夢中の力」リストから見えてきました。

思い出せる範囲で書き出すシンプルなリストですが、あなたの本質的な価値観が浮び上がってきます。

単に「仕事の適性」を探ることに留まらず、人生をどのように生きていきたいのか、そのためにどんな価値観で仕事に取り組みたいのかなどを見つめ直す機会に活用してください。

図-1　「夢中の力」リスト

「夢中の力」リスト

善福 克枝
2012．12．10

年齢	夢中になったこと	エッセンス・気づき
0～5	キティちゃんの絵を毎日書いていた。 自分で歌を作って歌っていた。 街中の看板を覚えていた。	好きなコトは何回繰り返してもあきない。 好きなコトは何回でも繰り返す 思いを表現する 体を動かす表現が好き 新しいものへの興味 字を覚えるのが楽しかった
6～12	体操の練習、放送委員会 走り高跳びの練習 卒業アルバム・卒業文集制作	やったことのないことができるようになる瞬間の充実感。話すことが楽しい。 無心で越えられそうにないものに立ち向かう 構成を考えるのが楽しい。バラバラのものが一つになる
13～15	数学の予習 1cm 角の折り紙で鶴を折る	難しい問題でも答えがあり、解くことができる達成感。 細部にこだわり、ものを作ることが楽しい。
16～18	クロスワードパズルを解く 他ジャンルのスポーツ選手たちとのクリスマスパーティー準備、開催	難題を解く快感 解けた後の爽快感 色々な考えを持つ人との交流、楽しい場を作ること
19～22	野球サークル、軟式野球部のマネージャー、プレーヤーからサポートする立場へ バイト先のファミレスにてデザート作り 家庭教師のバイト	頑張っている人をサポートすることが好き 手にする人の喜ぶ顔をイメージしながらもの作りをする楽しさ わからないことがわかるようになる充実感を共に味わう
23～27	夜間大学で勉強していた時 大学説明会で高校生の相談を受けていた時 清原和博さんの追っかけ	学生時代苦手だったことが理解できた、"苦手"という枠から解き放たれた。 夢や希望を持つと人は輝くとわかった瞬間 頑張る人を応援していると、自分も頑張れる人になる
28～30	デザインの勉強をしていた時 デザインの課題をやっている時 新しい講座の立ち上げ、企画・運営	配置・配色の絶妙なバランスによってガラッと印象が変わる 完成・達成をイメージして形づくる 何もないところから生み出す 人が集う場づくり
31～33	雑誌の特集企画内容を考えている時 イベントの企画を考えて、プレゼンする時 イベントの司会進行をした時	面白くて人に役立つアイデアソースを考える時が好き 人に伝えて伝わることに感動。新しいものが生まれることがやりがい 進行をしていく中で集う人のつながりが生まれていくこと
34～36	家族との団らん 誰かと食事をする時 しろくまグッズを探している時	一番身近で大切な人との他愛ない話がもたらす安心感、パワー 食事で心がほっこりして安心、信頼が育みやすい 好きなものはただ好きでいい
37～40	笑顔や魅力を引き出して写真を撮る 誰かの喜ぶ顔を思い浮かべる どうしたら上手くいくかを考える	笑顔と魅力が輝くのを見ると幸せ 誰かが喜ぶことをしたい ものごとが上手くいくパターンを知る 誰でも上手くいくシンプルなパターンをつくる

今を見直したい、転職を考えたい、就職活動をはじめたい方などにもおすすめです。

思い出したことから、すぐできることにチャレンジする

前項の「夢中の力」リストはやってみましたか？　まだの方は、ぜひリストを仕上げてみてください。

人によって、「夢中」になれることがまったく違うため、リストも異なるものになります。「夢中の力」リストを仕上げる際のポイントは、①すべての項目において直感で書く。②夢中になったことの項目のエピソードは3つ程度までにする。③エッセンス・気付きの項目は、夢中になったのはどうしてなのかを考え過ぎずに書く。④できれば、すべての項目を埋める。⑤書き終えたら、気になる言葉、重複するキーワードなどに印を付ける。

この①から⑤までが完成したら、友達や家族と一緒に、リストを見ながら気付いたことをシェアしてみてください。相手の価値観、あり方などが浮び上がってきます。

これらを、会社の部署やプロジェクトのメンバーや学校のクラブやサークルのメンバーでシェアをすることによって、メンバーそれぞれが大切にしていること、あり方がシンプルな言葉で伝わり、個々を尊重しながらのチームづくり、関わり方の参考になります。

また何より、自分が大切にしたい価値観、あり方を見つめ直すものとして活用してください。リストをよく見て、①今すぐにできる、②1週間以内にできる、③1ヶ月以内にできるもの、をそれぞれピックアップします。すぐにできることからチャレンジしていきます。

これは、仕事に直結していてもしていなくてもかまいません。幼い頃にやっていたことの中には、そのままできないものがあるかもしれないので、行動、動機などの要素をエッセンスとして取り出して、アレンジしてみましょう。とにかく「夢中になる」ということの実感を大切にしてほしいのです。

とくに、手を動かしたり移動したり、体を動かすことほど、実感が得られやすく夢中になることができます。

私の「夢中の力」リストから、すぐにできることとして、この原稿を書く手を一度休めて、1cm四方の紙で鶴を作ってみました。考えること、文章を書くことは大好きなのですが、ずっと同じ状況や環境で考えていると、新しいアイデアが湧き出てこなくなることがあります。

そんなときに、今すぐできることをリストから探して実践すると、気分転換になります。

一見すると、1cm角の紙で鶴を折ったところで、「何が起きるの?」「それで何が変わるの?」と疑問に思われるかもしれません。

シンプルなリストですが、これまでの自分が夢中になったことを掘り起こし、整理したものなので、さまざまな気付きが得られるはずです。

そして、実際に手を動かしてみると、意外に「夢中の力」リストに秘められたパワーを感じることでしょう。

このように、どんな小さなことでもいいので、すぐにできることから、実際の行動に移していきます。できるだけ速やかに、できることはどんどん実践していきます。リストを作るときと同じように、あまり深く考えずにやってみてください。

夢中になれることに、すぐにチャレンジしてみる。できそうなときは、複数のことを一緒にはじめてみましょう。そして、実感、体感を大切に味わうのです。

何かがうまくいくときというのは、目の前に偶然の出来事が現われることがあります。起きていることの意味をじっくりと考えているうちに、その偶然はスーッととおり過ぎていきます。一つひとつ、「この出来事には、どのような意味があるのだろう」と考えるよりも、偶然をパッとキャッチして、今の自分で、まずできることに取り組んでみたほうがいいのです。

素早い判断力、心のフットワークや行動の軽快さが大切な瞬間は、実は、人生の中で何度も何度も訪れます。スーッと現われる偶然を捉えるには、経験、体験の積み重ねから生まれてくる自分自身の軸、選択する肌感覚といったものが必要になってきます。

世の中には、とても役に立つ情報やスキル、資格などが豊富にあります。情報も、スキルや資格も、本来はただの道具に過ぎません。

もし、あなたが道具を持ち合わせているなら、それを活かす感性を鋭敏にしておいたほうがいいのです。仕事や人生の大事な局面において、自分軸で判断した選択や経験、体験を細々と積み重ねていくことこそが、偶然の出来事をキャッチするための、絶好のエクササイズとなります。

では、目に見える道具、目に見えない道具を、どうしたら上手に活用していくことができるのか。自分で判断して選んだり、工夫を凝らしてみるといった、五感を使った感覚こそが、道具を活かす感性です。道具に関連する技術に加えて、それらを使いこなすための経験や体験が重要なのです。

あなたのスキルや資格といった、道具を使いこなす五感を使った感覚を磨くためのエクササイズとして、「夢中の力」リストのすぐできることからチャレンジしてみてください。心のフットワークを軽くし、行動を軽快にする手助けにもなります。

どんな動機づけによって、どのように行動したいのか。そうしたことが明確になるので、ときどき、「夢中の力」リストは更新するようにしてください。

そのときの経験や状態によっても、思い出せることが変わってくるため、できれば、リストには日付を書いておくことをおすすめします。

そして、次項に出てくる「夢中の力」リストＴＲＹリングも併用して、自分自身のあり方や価値観と、それに伴った行動の整理整頓にも役立ててください。

夢中になれることから、長く続けられるエッセンスを探す

図―1の「夢中の力」リストの項目に書いたことの中で、共通するキーワードや気になる言葉を拾い出して印をつけました。私はものづくりを通して、誰かを喜ばせることに楽しみを見出したり、難しい問題を解くことで達成感や爽快感を味わうことがあります。

こうした文言を、図―2の「夢中の力」リストＴＲＹリング（61ページ参照）にまとめてみます。後で見返すときにわかりやすいように、拾い出したキーワードを「行動」「感情」「動機」「行動と動機のサポート」などといった観点から分類してみます。

私が書いたものでは、「行動」は5つ、「感情」が6つ、「動機」は3つ、「行動と動機のサポート」では、4つほどのキーワードが出てきました。

さらに、前項で触れたように、リスト内の夢中になったことを、①すぐにやってみる、②1週間以内にやってみる、③1ヶ月以内にやってみることに大別します。「キティちゃんの

絵を描く↓絵を描く」とシンプルな表現に書き換えたり、在学時の活動は、「放送委員会↓コミュニティFMにてラジオパーソナリティをする」「体操の練習↓ウォーキングをスタートする」などの代替案を考え、書いていきましょう。1章のワクワクすることも追加してみてください。

すぐにやってみることとは、今からでもできる、あるいは2、3日に一度、あるいは毎日できそうなことです。

1週間以内にやってみる、③1ヶ月以内にやってみることについては、はじめるまで、あるいは続けるために時間が必要な項目になります。

このTRYリングに書いたことを、今日からさっそくやってみます。過去にやったこと、それに近いことばかりなので、すぐに実行できたり、自然に長く続けられるはずです。

この「すぐできる」「自然と続く」というのは〝偶然〟をキャッチして、幸せの波に乗るために、とても大切なポイントです。

何らかの事情や出来事によって、子どもの頃からの夢が果たせない人はとても多いものです。何十年と続く人生において、とても早い時期に、「自分は夢を諦めた」というレッテルを無意識のうちに貼ってしまっているケースもあります。

そのため、言葉にこそしませんが、どこかで夢を諦めている、（諦めた自分に）夢なんて叶えられるわけがないと、決めつけていることがあります。

しかしながら、子どもの頃に夢中になったことはすぐにできるし、本来は自然と続くものです。それを続けられる気持ちにならない、環境にないというだけのことです。

さらには、子どもの頃に思い描いた夢の場合、どうやったらうまくいくのかという自らの経験や知恵が、当時不足していたことから、自分の主体的な選択がたまたまできなかったに過ぎないのです。

〝偶然〟を見逃さずにキャッチするのは、その偶然を自らの手で、自分らしい夢につながるチャンスに変えていくためです。その前提として、「できる」と思って行動しているか、自信のないまま行動しているかによって、その成果は変わってくるのです。

「チャンスの神様には前髪しかない」という話をよく聞きます。チャンスの神様には前髪しかなくて、通り過ぎてしまったらチャンスをつかめなくなるため、絶好のタイミングでつかもう、というたとえです。

しかし、私の考え方は少し違います。チャンスの神様には、前にも後ろにもしっかりと髪が生えています。「できる」と思えた人には、すべての髪が見えていて、どこからでもつかむことができます。しかし、自信のないままでいると、あるはずの髪が見えなくなって、するりと手からこぼれ落ちてしまうのです。

図-2 「夢中の力」リスト TRYリング

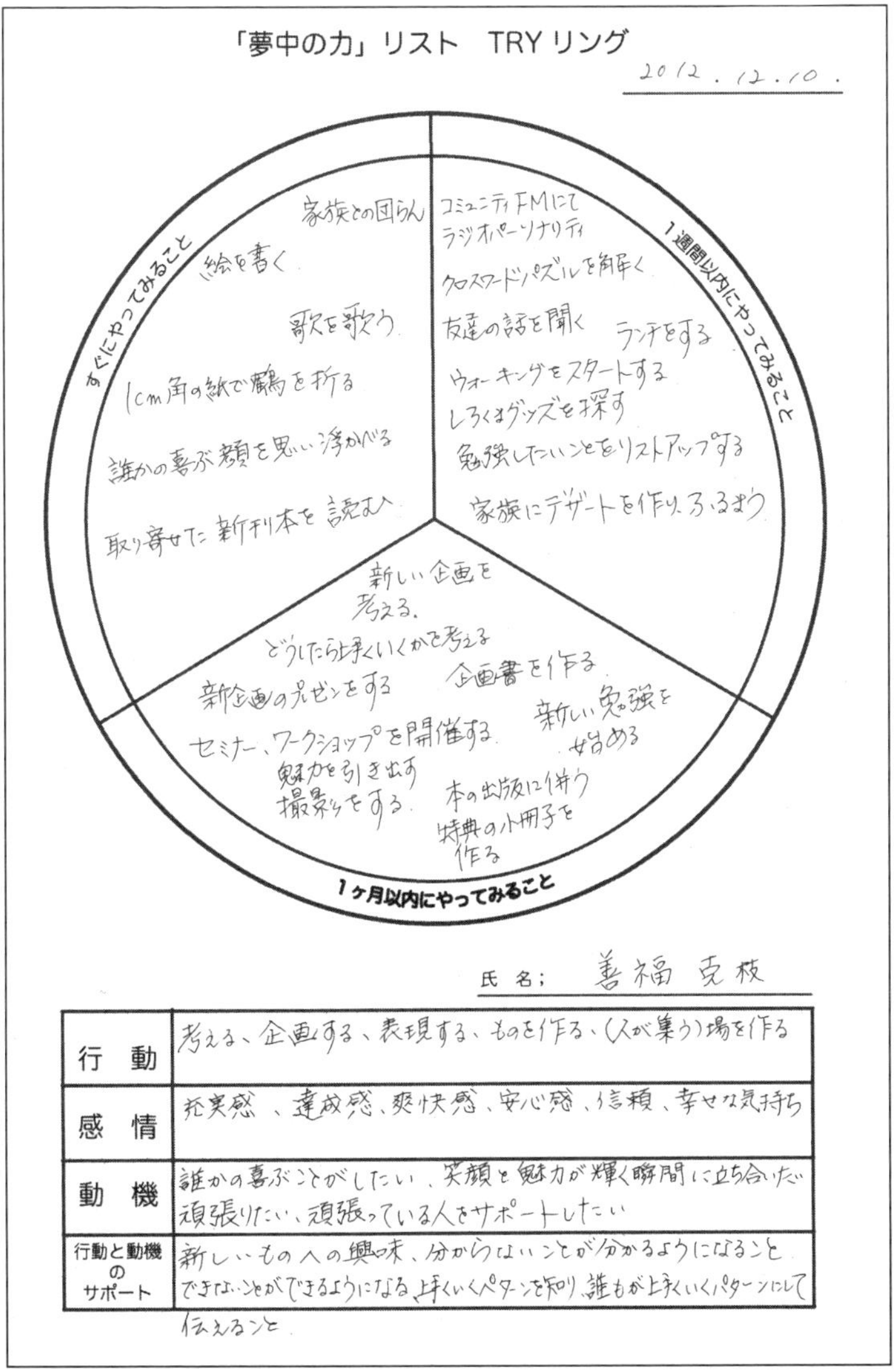
「夢中の力」リスト TRY リング
2012.12.10.
すぐにやってみること
家族との団らん
絵を書く
歌を歌う
1cm角の紙で鶴を折る
誰かの喜ぶ顔を思い浮かべる
取り寄せた新刊本を読む
1週間以内にやってみること
コミュニティFMにて
ラジオパーソナリティ
クロスワードパズルを解く
友達の話を聞く
ランチをする
ウォーキングをスタートする
しろくまグッズを探す
勉強したいことをリストアップする
家族にデザートを作りふるまう
1ヶ月以内にやってみること
新しい企画を考える。
どうしたら上手くいくかを考える
新企画のプレゼンをする
企画書を作る
新しい勉強を始める
セミナー、ワークショップを開催する
魅力を引き出す撮影をする
本の出版に伴う特典の小冊子を作る
氏名； 善福克枝
行動
考える、企画する、表現する、ものを作る、(人が集う)場を作る
感情
充実感、達成感、爽快感、安心感、信頼、幸せな気持ち
動機
誰かの喜ぶことがしたい、笑顔と魅力が輝く瞬間に立ち会いたい
頑張りたい、頑張っている人をサポートしたい
行動と動機のサポート
新しいものへの興味、分からないことが分かるようになること
できないことができるようになる、上手くいくパターンを知り、誰もが上手くいくパターンにして
伝えること

好きなこと、得意なことは7つの法則を同時に動かす

小さな「できる」という経験の積み重ねは、これからの人生において、あなたらしい夢を叶えていくためのパワーの源泉となっていきます。

1章でもお伝えしましたが、誰もが登山のように頂点に向かって、果敢に山を登っていくといった、イチロー選手のような夢の叶え方でなくてもいいのです。逆に、イチロー選手のような夢の叶え方をする人は少ないということで、それは「美徳」として語られているのだと言えます。

しかし、あなたらしく夢を叶えられたなら、それも「美徳」です。美徳とは、〝美しい徳行〟という意味です。もし今、実現させたい夢がないという方がいたとしても、今のままというわけではありません。出逢う友達や仲間、経験、環境によって、気付きもあれば学びもあります。この変化の激しい時代にあって、現状維持のほうが難しく、ずっと今のままというこ とはあり得ません。

ですから、今夢がないことと将来、実現させたい夢が湧いてくるかどうかとはあまり関係ないのです。そういうときには、この章で書いた、過去に夢中になったことを少しずつはじ

めてみてください。

そのときに、微細な心の変化や行動の変化などが現われます。それを、気のせいとは思わずに受け止めて、夢が現われたときに活かせる体験だと思って、目の前のことを楽しんでください。

実現させたい夢があるというあなた、達成したい目標があるというあなた、目標というほどではないけれど、やってみたいことがあるというあなた――その夢や目標、やりたいことを実現させていくためのカギは、この章全体でお話ししている「夢中になれること」です。過去に夢中になったことで、またやってみようと思えることからはじめてみましょう。そして、楽しみながらそれを続けてください。

もう少し言えば、**「好き」で、「得意なこと」をやるのがベスト**です。そのときに、仮にゴールがあるとして、そのゴール地点に到着したときの状態をイメージしてみてください。

- **好きで、得意なことをやり続けていますか?**
- **どのようなあなたになっていたいですか?**
- **どのような場所に立っていますか?**
- **どのような服を着ているでしょうか?**
- **どのようなところに住んでいますか?**

・どのような人と過ごしていますか？
・どのような景色が見えていますか？

好きで、得意なことを続けていると、この本でお伝えする7つの法則を、しだいに自然な流れで同時進行させていくことができるようになります。最初は、この7つの法則に、少しだけ意識を向けてみてください。

7つの法則は、2章からはじまっています。

【好奇心】【夢中力】【柔軟性】【冒険心】【楽観性】【切替力】【継続性】

この7つの法則を、同時進行で動かすことができるようになってきたら、〝偶然〟をキャッチする感度は自然と高まっていきます。そうして、〝偶然〟をキャッチして味方にすることができると、あなたらしい夢の叶え方がわかってきます。

それまで夢がなかった人は、好きで、得意なことを続けていくうちに、夢が生まれたり、元来温めていた夢を思い出すことがあります。

今日から、常に大切にしていただきたいのは、ワクワクしながら「好き」で、「得意」なことに取り組んでいるか、それを楽しんで続けているか、という2つのことです。

「好き」で、「得意」なことが充実しはじめたら、7つの法則を同時進行させていくことは、たやすくなり、チャンスにつながる〝偶然〟もキャッチしやすくなっていきます。

4 章

目標や結果を決めない行動をしてみる（柔軟性）

目標ではなく、今日のルールを決めてから行動する

目標を決めて、計画を立てて行動する。それを当たり前のこととし、上手に活用している人がいます。その一方で、目標を決めて、計画も立てたけれど、なかなか計画どおりに物事が進まない。あるいは、頭では手順をわかっていながら、目標までの計画がうまく組み立てられない、という人もいることでしょう。

そんなときは、ひとつの考え方や方法に気をとられるよりも、できることからやってみる。目の前の状況に変化を起こして、できたことから学びやヒントを得る。本筋とは違っても、何かをやりながら、できないことができるための方法を考えるといったように、できないことに時間ばかりかけて行動してしまわずに、その時々で行動しやすい方法を考えて実行していったほうが、状況は好転していきます。

目標を決めることも、変化を起こすための行動のひとつです。しかし、目標という言葉で気負う人は、まず〝今日のルール〟を決めて、即座に実行することを楽しんでみてください。〝今日のルール〟は、日々見ているようで見えていないもの、意識していないものへとアンテナを張ることにつながります。毎日の生活における小さな変化を感じたり、当たり前

過ぎて見過ごしていたことに気付いたり、変化や気付きによって感動が生まれるため、日常生活に張り合いが出てきます。

私は会社勤めの頃、通勤電車の中で〝今日のルール〟を『四次元ノート』（9章）に書いていました。今日のルールは、自分が心底楽しめることにします。

- **とびきりの笑顔の人を10人見つける**
- **会社で挨拶をするとき、相手よりも元気よく挨拶をする**
- **誰かにお礼を言うとき、「〇〇さん、ありがとう」と名前を付けて伝える**

など、何でもいいのです。私が、〝今日のルール〟の決まり事としていたのは、「すぐにできそうなこと」と「自分も相手も気分がいいこと」です。この2点を守りながら、朝、〝今日のルール〟を考え、当日中に実行していきました。すべてを気持ちよく実行できたかどうかをチェックしていました。

いつも同じ時間に起きて、家を出て、同じ電車に乗る。会社に行き、同じ部署の同僚といつものように仕事をする。毎日同じことをしているようでも、微細な変化を意識したとたん、急に眼の前が開かれ、視界がパッと明るくなったような気がしたことが何度もあります。

規則正しい生活は、一見すると当たり前になっていて、ひとくくりで「いつもと変わらない1日」になってしまうこともあります。けれども、少しの違いを毎日見つけようとすると、微細な違いに目を向ける鋭敏さが研ぎ澄まされていきます。

それでも忙しいときは、「いつもと変わらない1日」に思えてきます。忙しくて、心のゆとりがなくなると、細やかなところに、目も気持ちも行き届かなくなります。「規則正しい生活＝パターン化された生活」と、大枠で捉えがちになってしまうのです。

こうしたものの見方は、生活全般に反映されていき、何を見ても、どんなものに触れても、大枠で捉え、何となく見て、何となく触れているという状態になります。

これは、人に対しても同じです。「男性って、女性って」「うちの大学の先輩って」「うちの会社の人って」「友達みんなが言ってる」「テレビで言ってたんだけど」といった会話をよく聞きます。私も以前は、そのような会話を当たり前のようにしていました。

もちろん、男性と女性の価値観として大別することもできます。〝うちの会社の人〟というように、同じ組織にいる人の行動特性といったものも見受けられます。

しかし、目の前にいる誰かと向き合うことと、うちの会社の人という大枠のパターンの中で向き合うのとでは、見えてくるもの自体が変わります。これは、人だけに限ったことではなく、すべてにおいて言えることです。

今日のルールを決めて、実行してみる。そのルールについての行動をジャッジはせずに、気持ちよく実行できたかどうかを確認する。しばらく続けてみると、パターン化されがちな日常生活に、小さな風を起こすことになります。

毎日の生活の中で、ちょっとしたルールを決めて、楽しみながら実行します。決めたことを実行していく楽しみの中から、わずかな意識で、ものの見え方や捉え方に柔軟性が出てくることがわかります。大枠で捉えがちないつもの状態から、小さなこと、微細なことに目を向ける視点が生まれます。

さらには、ルーティンになりがちな生活を繰り返す中、当たり前になっていること、微細なことにも目を向けようと意識することで、身の回りの変化を見つけていこうとする姿勢は、自分に必要な〝偶然〟をキャッチしていくうえでも、大切な観点、視点となります。

いつもとは違う書店に行ってみる

書店は、アイデアの宝島です。本をとおして訪れたことのない諸外国の風景に触れたり、自分にない発想や考え方を吸収したり、いつもは経験できないことを疑似体験できます。また、本誌より立派な付録がついた雑誌など、さまざまなアイデアに満ち溢れています。

ネットで本を買うときは、欲しいものが、ある程度絞られていることが前提となります。

書店に出かけて、ランダムに書棚を見て回ると、思いもよらない本が目に飛び込んできます。ネットで本を買う時代だからこそ、なおさら書店の重要性を感じます。書店の面白いところは、チェーン店であっても、立地や客層、店員の嗜好によって、置いてある本の傾向が違うということです。

大型書店は、何時間いても飽きないほど、本の量、バリエーションともに豊富です。一方で、地方の小さな書店も、実はとても面白いのです。学校の近くにあれば、学生向けの参考書が多くあります。まんべんなく、少しずついろいろなジャンルの書籍が置いてあると思いきや、マニアックな本が充実しているといったこともあります。

以前、ふらりと降りた駅の近所にあった書店は、ビジネス書と学生向けの参考書が多い中、ソーイング系のものづくり本が面白いほど充実していました。あまり見かけないものづくり系雑誌の写真があまりにキレイで、写真集代わりに購入しました。

足を運んだことがない書店に出かけてみることは、〝偶然〟をキャッチする練習にもなります。降りたことのない駅の書店に入ったり、コーヒーショップ併設の大型書店に入ってみるのもいいでしょう。さまざまな規模やエリアの書店に出かけてみてください。

ふらりと書店に出かけるときの、私なりの楽しみ方は3つあります。ひとつは、興味や関心がないものだけを見ること。もうひとつは、タイトルでワクワクするものをピックアップすること。3つ目は、「運命的な出逢いの1冊」を探すことです。

興味や関心のないものだけを見るには、ふだんなら絶対に買わないジャンルの棚だけを見て回ります。たとえば、最近の私で言うと、子どもの学習ドリルや参考書、資格取得系、宗教、法律関連、芸能人のエッセイ本などです。中でも、もっとも興味・関心が湧かないジャンルの本棚に向かいます。

そして、その中で1冊だけ気になる本を探して手に取ってみます。目次を見て、面白そうな項目だけを読んでみます。

興味・関心がないというのは、自分にとっては完璧に〝圏外〟というジャンルと、ただ単に興味を持つ機会がなかったという場合があります。ほんの少し、興味のなかったジャンルに触れる機会を自ら作ってみることで、考え方や発想が柔軟になっていきます。自分が興味のあることとの共通点が見つかって、面白いと感じることもあります。

完璧に圏外のジャンルは、面白いほど心の琴線に触れることがなく、感情も五感も動かされることがありません。そのことを、あえて観察してみることもあります。

2つ目の、タイトルを見てワクワクする本をピックアップするというときは、コーヒーショップなどを併設している書店に行きます。コーヒーショップに持ち込んでもいい冊数を確認したうえで、上限いっぱいの本をピックアップします。

このときの基準は、「ワクワクするかどうか」のただ1点のみです。あくまで、タイトルでワクワクすることとしているため、ジャンルは多岐に渡ります。

なるべく考える時間を作らないように、瞬間的に手を伸ばしたくなるワクワクが、タイトルから感じられるかどうか、だけを重視しています。このピックアップは、想像以上に楽しく、現在自分が、何に対してワクワクする気持ちを抱いているのかがわかって、とても興味深い作業です。誰かの言葉を借りているという点も興味深い要素で、「なるほど、自分はこういう言葉にワクワクするのか」「こういう表現もありなんだ」といった小さな発見があります。

ちなみに、ピックアップした本のタイトルのうち、印象深いものはノートにメモしています。流し読みをして、タイトルと内容のワクワクする感覚がぴったり一致している本の中から、買いたいと思う本を購入することもあります。

3つ目は、運命的な1冊に出逢うことを意識しています。「素敵な出逢いがありますように」と、心の中でつぶやくようにしています。その後、最初に思いついた書店に出かけます。この宣言をして、ピンと来た書店に出かけるというのは〝偶然〟をキャッチする練習として、効果的な楽しみ方です。

素敵な出逢いというのは、もちろん本との出逢いです。店を決める前に、自分の意識が「素敵な本との出逢い」に向いているため、ピンときた書店に出かけると、かなりの確率で素敵な本、以前から欲しいと思ったけれど、すっかり忘れていた本などに出逢うことができます。素敵な本にめぐり逢いたいと考えて、主体的にそれを探すことで、そのときどきの自分の思いに寄り添ってくれるような1冊に出逢うことができます。

「書店に出かける」といった何気ない行動ですが、3つの方法では、それぞれ受け取れるもの、見えてくるものは異なります。自分の意志によって、ものごとの捉え方、見え方が変わるという柔軟な考え方を、こうした簡単な方法で体験してみてください。

休日の予定をサイコロで決めて、「〇〇しなければならない」を手放す

あなたは、どのように、自分自身のスケジュールを管理していますか？

システム手帳、あるいはスマートフォンやパソコンを連動させたデジタルカレンダーでスケジュール管理をしているという方も少なくないでしょう。最近では、スケジュール管理のために手帳を使っている小学生もいるそうです。

スケジュールは、〝管理〟という言葉を使います。文字どおり、仕事やプライベートでの予定に漏れや抜けがないように、覚え書きとして手帳やデジタルカレンダーに記録をして、管理します。

なぜ、漏れや抜けがあってはならないのでしょうか？

予定、約束には、自分以外の人が関わるケースがほとんどです。ですから、漏れや抜けがあったのではたいへんです。とくに、仕事の予定や約束については、漏れや抜けがないほうがいいに決まっています。

では、休みの場合はどうでしょうか。休みの日に、仕事のスキルアップのためにセミナーや勉強会に参加するといったケースがあるかもしれません。

しかしながら、休みの日まで、あれやこれやとスケジュールを手帳で管理しているというのは、よくよく考えてみるとおかしな話です。本来の休みは、休息を取ったり、リフレッシュをする。リラックスした時間を過ごすために費すという意味合いがあります。

ですから、休みの日まで〝管理〟されているということは、自分で管理しているつもりでいて、実際のところは、手帳やデジタルカレンダーに管理されているようなものです。

毎回でなくてもいいのですが、休みのスケジュールについて、管理することをやめてみてください。たとえば、朝起きたら心が赴くままに行動をしてみるのです。何も特別なことはしない、特別な予定を入れない日を作ってみるのです。

サイコロをふって予定を決める。それくらい無計画な休みも、作ってみてください。サイコロの1から6までの数字に意味を持たせておきます。

たとえば、「奇数は○○をやってみる」、「偶数は○○をやらない」などです。そのうえで、無計画な休みの日に、「何をしよう？」と考え、思い浮かんだやりたいことについて、サイコロをふって答えを出します。奇数が出たら、思い浮かんだことを実行し、偶数が出たらそれについてはやらないなどです。

サイコロで予定を決めるなんて、何だかとても無駄なことのようです。しかし、無計画で管理されていない時間があったときに、それをどう楽しみ、どう活かしていくか、その方法を即興で考えて、すぐに実行に移す、ということを試してみてください。

これは、決して無駄なことではなく、今目の前に起こることに素早く対応するエクササイズとなり、楽しみながら柔軟な対応力が身に付いていく有意義な時間です。一見無駄と思えることを、発想の転換によって有意義な時間に変えていくことになるのです。

サイコロを振ってものごとを決めるときは、自分で考えたとおりにならないケースがほとんどです。目の前に起こることの予測が立たないため、「○○しなければならない」と考える余地がなく、「○○しなければならない」という発想は薄らぐのです。

近年、〝効率化〟、〝スリム化〟、〝断捨離〟、〝仕分け〟などということが、時代のキーワードとなっている感があります。

どれも共通して言えることは、「無駄をなくす」ということです。ものにしても、時間にしても、無駄ばかりを抱えていたら、たしかに非効率的です。

けれど、無駄と思えるものやコトをどうしたら活かすことができるのか、また有効なものに転換できるのか、といった考えを語っている人や本はあまり見かけることはありません。

IT化が進み、非常に便利になった今の世の中においては、「無駄」という言葉が敵視されているように感じます。

ところが、人間は元来「無駄」と思えることをする生き物です。人間には、地球上の生物で唯一〝感情〟があるとされているからです。人間は何かにつけ、意味を考えて感情を持つ生き物です。淡々と、かつ粛々と行動に移せたらいいのですが、ときに感情が邪魔をして、行動に移せないといったことが起こります。その一方で、人間には感情があるからこそ、すぐに行動に移すことができたり、どんどん前に進むこともできるのです。

ものごとは表裏一体です。どんなことでも、捉え方や視点によって、長所にもなり得るし、短所に見えることも出てきます。そして、ものごとには「遊び」が必要です。車のハンドルやブレーキには、「遊び」という要素があります。ハンドルを操作したり、ブレーキを踏んでも、実際にその動作が影響しない稼動範囲というものが存在するということです。

たとえば、運転している人がハンドルを握ったままくしゃみや咳払いをしてしまったとき、「遊び」がないと、急ハンドルの操作をしてしまうことになり、たいへん危険な状態となってしまいます。

人生における「無駄」の中には、ハンドルでいう「遊び」に似た部分が存在します。無駄や非効率と言われて敬遠されがちなことに、チャンスや新しいアイデアが潜んでいることもあります。

物事を一方向から捉えるだけでなく、あらゆる方向から見られるようになるためにも、まずは、「無駄」と思われることから、アイデアを膨らませたり、発想の転換をするという、人生における「遊び」の部分を楽しんでください。

行き先を決めないで電車に乗る

あなたは、行き先を決めないで電車に乗ったことがあるでしょうか？　私は会社員時代、仕事で行き詰まっていたときに、ふらりと電車に乗って「次、降りようか」と自分に問いかけながら、最終的に東京、横浜を経由して、京都にまで行ったことがあります。

こうして、あえて行き先を決めることなく、電車に乗ってみていただきたいのです。電車に乗っている間「どこまで行こうか？」と、わずかながら心が弾みます。次の駅が迫るたびに、心の中で「降りる？　まだ乗る？」と自問自答を繰り返します。降りたことがない駅で降りる、というルールも取り入れてみてください。すると、知らない土地にも積極的に訪れてみようという気持ちになります。

いつもと同じ電車、いつもと同じ景色は、見慣れていて、何となくとおり過ぎてしまうことが多いものです。

たとえば、都会の建造物、穏やかな自然の風景を問わず、よく利用する路線でも、知らない町には知らない景色が広がっています。

これまでに降りたことがない駅を目指し、目的地を決めずに向かうというだけで、何だかワクワクします。行き先は決めないけれど、出発する駅によって、どの路線に乗れるのかは自然と絞られることになります。

もちろん、路線によって進む方角も決まってきます。出発地点（起点）と路線（方向性）によって、大まかな流れは決まりますが、どこまで行くのかは決めないのです。そのように進んで行ってみてください。

何でもない電車の旅のようですが、いつもと違う視覚情報、いつもと違う行動は、豊かな感性を刺激します。

最近の研究で、人の脳は一生変化し続けると言われています。新たな刺激や発想さえあれば、脳はいくらでも変わる可能性を秘めているというのです。

また、〝脳は変化に対応できる〟ということを意識するだけで、脳に変化が生じるのだそうです。いつもと違う景色を見る、いつもと違う新鮮な経験をすることも、脳の変化に効果的な行動となっていきます。

誰しも、自分の人生の先行きが見えないと、不安になったり心配になったりします。行き先を決めないで電車に乗るという行動には、見えない行き先に不安を覚えることはありませんが、少しだけソワソワします。ソワソワと浮き足立った状態が、ワクワクする気持ちに変化する感覚を味わってみてください。行き先が見えない中で楽しみを見出していく瞬間や、その経過を自分自身でじっくりと観察してみましょう。

不安や心配を「何に出逢えるか」、「何が起きるのか」といった、柔軟な発想や異なる視点に変換していくためのエクササイズのようなものです。先が見通せないときでも、柔軟性を持って楽しみが見出せる感性が芽生えてきます。

私たちは、これまで学んできたことや経験してきたこと、本で読んだこと、誰かに聞いたことなどの影響によって、「目標」「目的」などの最終地点を決めるということが、当たり前になっています。

「ゴールや目標を決めると前へ進むことができる」と考える傾向が強く、それはときとして、「ゴールや目標を決めないと前には進むことはできない（進んではならない）」という心のブレーキに変わってしまうことがあります。

ゴールが決められないから進めないのでは、いつまでたっても何も変わりません。あえて、寄り道をしてみたり、目的地を決めないで進んでみるといった、小さな行動をすることによって、無理なく変化を味わうことができるのです。

目標が決められなくても、一歩進んでみることで見える景色は変わってきます。見える景色が変われば、今まではものの見え方が変わることもあります。ものの見え方が変われば、発想も変わっていき、新しいことに向かう大きな一歩を踏み出せるかもしれません。そんな可能性が、生まれてくることだってあるのです。

何よりも効果的なのは、何でもいいからとにかく行動に移すことです。それが、いきなり人生を左右する一歩だとしたら怯んでしまいますが、行き先を決めないで電車に乗る程度の話であれば、明日にでも、あるいは今からでも行動につなげることができます。

この路線の電車に乗れば、○○方面に向かうというように、行き先は、ある程度決まっています。これだけ、交通手段や交通網が発達しているのです。目的地を決めなくても、どこかへ運んでもらうことはできます。こうした**「流れに身を委ねる感覚」**を、積極的に楽しんでいただきたいのです。

というのも、長い目で見たときに、人生の大半は大きな流れに身を委ねるという状態に近いものだからです。大きな流れ自体を、思いどおりにすることはできなくても、その流れを積極的に捉え、活用することはできます。こうした流れを積極的に捉えるためにも、豊かな感性が必要なのです。

いつも同じ行動パターンではなく、意識的に違う流れを作り出す。新しい景色を愛で、視覚的な刺激を取り入れる。行ったことのない土地に足を運び、実際に歩き回ってみる。いつもとは異なる行動を積極的に取り入れることで、頭の切替をしたり、新鮮なアイデアを生み出すきっかけに出逢えることがあります。

私たちの行動は、〝目的地に電車で向かう〟ように、たいていは「目的」→「行動」という手順です。それを、あえて「行動」してから「目的」を決めるという手順に変えてみます。ちょっとした意識と工夫によって、楽しみながら刺激することで、感性は豊かになります。

自分の経験や体験に根ざした豊かな感性は、人生の大きな流れや波に乗るために、重要な役割を果たします。意識と工夫によって、楽しみながら感性を刺激することができます。

目に飛び込んで来たものを写真に撮る

普通、写真というと、友達や家族と食べたランチ、おいしいスイーツ、可愛くてたまらないわが子、愛しいペット、感動した風景など、あなたが大好きなものや感動した瞬間を撮るのではないでしょうか。

私がフォトグラファーをしながら、写真教室を主宰しているのも、大好きなものや感動した瞬間を美しく撮りたい、イメージどおりに撮りたいと切望する人が数多くいらっしゃるからで、受講生の方々が写真に残したいのは、もちろんそういったシーンです。

写真を撮るとき、私とあなたが同じ場所に居合わせ、同じものを見ていたとしても、実際に写真に写す感動のシーン、情景、瞬間は、まるで別の出来事のように写ります。

それは、過去の経験、今考えていること、こうなったらいいなといった未来のビジョンなどがバックボーンとなり、各々の視点に反映されて1枚の写真になるからです。

写真教室の受講生には、今感動した瞬間を大切にして、〝あっ！〟と思ったら、どんな写真でもいいので、まずは撮るということをお伝えしています。

その後、少しの間、心が動いたことを内観し、自分が何に感動したのか、どこが素敵だと思ったのかを味わって、写真を再び撮るように指導しています。

人は、視覚・聴覚・嗅覚・触覚・味覚といった五感を使って、外界からの情報を受け取っています。脳にインプットされる情報のうち、7～8割が視覚情報と言われています。

その膨大な視覚情報を受け取り、その中から瞬間的に心動かされるものや感動を見つけ出すということが、日常的に行なわれていると思うと、脳の仕組みや働きにただただ感動させられます。

受け取った膨大な情報のうち、感動する、心動かされるものは、ほんの一握りにも満たないかもしれません。だからこそ、感動した瞬間や大好きなものを写真に残したいという衝動にかられるのかもしれません。

そんな感動の瞬間から、少し離れた視点で写真を撮ってみることは、どのような効果を生み出すのでしょうか。写真の知識、カメラの機能などを気にせずに、実際に目に飛び込んできたものをとにかく考える間もないくらい素早く撮ってみてください。

写真を撮る場所は、家の近所、広い公園、知らない町というように、目に飛び込んでくるものがいろいろと変化するように、撮る場所を変えてみるのもいいでしょう。

うまく撮ろう、キレイに撮ろうと思う間もないほど、目についたらとにかくシャッターを押していきます。目に飛び込んで来たものを、瞬間的に写真に撮るということだけを繰り返してみてください。

ただ道を歩き、とくに何も考えていなくても、たくさんのものを見て、視覚情報として見つめていることが実感できます。スピーディーに撮れば撮るほど、フットワークが軽くなり、気持ちが軽やかになり、もっともっとと足が前に進んでいきます。

「体を動かすこと」は、気持ちを軽やかにしていきます。気持ちが軽やかになっていくと、足どりまでもが軽やかになっていくということが、体感として感じられるはずです。

人は、子どもから大人になっていく過程で、知識、経験ともに豊かになり、どうしたらものごとが速やかにうまくいくのか、頭を使って考えるようになります。そのこと自体は、もちろんすばらしいことです。

しかし、ときとして考え過ぎることで思考の混乱を招くことがあります。過去の経験、失敗した経験がよみがえり、二の足を踏んでしまうこともあります。

さらには、新しいことにチャレンジするとき、ものごとを推し量るために、成功した経験を活かすことがあります。ところが、成功した経験にこだわり過ぎて、その先に進めなくなることもあります。

人は、単純なようで複雑です。知識、経験によってものごとをスムーズに進めることができる一方で、同じことが原因で滞ることもあるのです。

そのようなときに効果的なのが、思考せずにカラダを動かすという方法です。規則正しいリズムで体を動かすというのもいいのですが、リズムを、あえて不規則にすることによって、体と脳にほどよい刺激と循環が生まれます。

たとえばウォーキングをするときに、3分間ゆっくり歩き、2分間早足で歩く、あるいは、3歩目で、次は7歩目で、次は2歩目で、さらに5歩目でと、ランダムなリズムで踏み出し方を大股にしてみるのです。また、目についたものをパッパッと写真に撮りながら歩くのも、自然に不規則なリズムとなるため効果的です。

視覚は、脳への刺激が最も多い感覚です。視覚を刺激しながら歩くと、脳の活動が盛んになります。

歩くことは、下半身を活発に動かします。下半身には、全身の2／3ほどの筋肉があるため、血液の循環がよくなり、脳への血流もよくなります。さらには、慣れない課題が出てくると、脳の活動は活発になります。そのため、不規則なリズムは、脳への刺激となります。

大人になり、思慮深くなることはすばらしいことですが、ときとして、それが自分の足や行動を止めることになります。歩くという単純な動作も、体を使った不規則なリズム運動として取り組むことによって、全身を動かしながら脳を活性化し、その結果、行動や考え方が柔軟になるため、さっそく今日から試してみてください。

5 章

リスクがもたらす大切なギフト（冒険心）

挫折は〝本当にやりたいこと〟を見つける絶好のチャンス

たとえば、挫折の渦中にあって「今が絶好のチャンスだ！」と思える人は皆無でしょう。だからこそ、挫折をする前に、記憶の片隅に留めておいていただきたいことがあります。

子どもの頃ずっとそうだったはずなのですが、たいていの新しいことを身につけるとき、失敗をくり返します。それなのに、私たちはいつしか、「失敗＝ダメなこと」と捉えるようになってしまいました。

仕事に限らず、あらゆる場面において、失敗をして途中でダメになったり、うまくいかなくなるといった経験をすることがあります。それによって、意欲や気力を失って挫折感一色になってしまうことがあります。こうした挫折のときには、「なぜ、うまくいかなかったんだろう」という問いが、ぐるぐると頭の中を巡ります。

この問いを繰り返しているうちに、「では、どうしたらうまくいったのだろう」と、ふと考え方が変わる瞬間が訪れることがあります。

- **どうして、うまくいかなかったんだろう？**
- **どうしたら、うまくいったのだろう？**

この両者は、とても似ていますが、異なる問いかけです。〝どうして〟から〝どうしたら〟に問いが変わっていく瞬間、あなたは挫折を乗り越えはじめています。

〝どうして〟は、過去思考です。一方の〝どうしたら〟は、未来思考です。どちらも同じ出来事についての考えですが、挫折や失敗をした過去を悔やむか、未来へ活かすか。同じ思考の時間も、どちらを積み重ねるかによって、大きな差が生まれます。

私の人生で、大きな挫折として記憶に刻まれている出来事は5つほどあります。その中から、とくに影響の大きかったエピソードを2つご紹介します。

ひとつ目は、高校に入学してまもなく、膝の怪我で手術をしたことです。1章の「計画は何のために立てるのか」の項でもお話ししました。オリンピックを見据えて、世界に向けて歩んでいた最中の怪我は、ターニングポイントとなりました。「怪我の克服と復帰」というアスリートとしての目標と、「人生の方向転換」という将来の目標とを、苦悩しながら本気で見つめ、人生が計画どおりにはいかないということを最初に突きつけられた出来事でした。

2つ目は、雑誌編集部へ転職した年、知識不足によって、大きな失敗をしたことです。あるとき、旅行会社と海外撮影ツアーを計画していたのですが、定員に達することなく中止となりました。当時、海外旅行経験が少なかったため、国内と海外旅行でキャンセルに関する期間・規約が違うことに対する、私自身の知識不足によって、キャンセル料が発生し、会社に損害を与えてしまいました。

会社の社訓で「やる前から〝できない〟と言わない」という方針がありました。私は、「できないと言ってはいけない」と、少しズレた解釈をしていました。

当時の業務は、1人で担当しているものが多く、常に自分で考え、組み立てることを繰り返していました。たまたま、運がよかったのだと思いますが、ほとんど自分ひとりで対応、解決できていました。おまけに、できないと言ってはいけないと勘違いしていたため、できないことやわからないことについて、誰にも相談したことがありませんでした。

いつのまにか「失敗は、絶対にしてはいけないもの」と思い込み、なんとか失敗しないようにということに注力してしまい、リカバリーできるうちに相談する、助けを求めることができずに、〝失敗〟してからの報告となりました。

会社に損失をもたらすという失敗は、挫折感となって、しばらくの間、悔やむ気持ちに苛まれました。けれども、悔やむ気持ちに浸る暇もないほどの仕事量が、目の前に山積みになっていきました。悔やむより、次の仕事へ向けて行動の連続でした。行動を続けるうちに、「どうしたら、失敗を取り返せるのか」と考えるようになり、さらには、「どうしたら、営業成績を上げられるのか」と、よりいっそう仕事に対して前向きに取り組むようになりました。結果として、入社2年目以降の営業成績に好影響を与えていく行動につながっていきました。

誰しも、失敗しないということはあり得ないし、挫折をしない人もいません。大きな失敗はしないほうがいいですが、もし失敗をしてしまったとしても、どうしたらリカバリーできるのかを考えて行動につなげると、必ず次なる好機に恵まれます。

物事がうまくいっているときは、何も考えなくても進むことができます。たとえ、誰かに引き止められても突き進んでいけるものです。そういうときに、対策をどうするとか、行動を振り返り、次につなげるといった考えには、なかなか及ばないものです。

挫折に直面したとき、人は自分の心の真ん中に向き合います。今まで当たり前と思っていたものが、ガラリと変わることもあります。当たり前が崩れたと捉えるか、新しいものが構築できると捉えるかによって、方向性がグンと変わっていきます。

私たちは、幼い頃からずっと、失敗のくり返しで新しいことを習得してきました。うまくいくための方法を導き出すのは、うまくいっていないときです。そんなときこそ、過去を悔やむ思考から、未来を見つめる思考へと、意識して好転的に変えていこうと努めてください。挫折感以上の大きなチャンスを、あなたの手でつかむことができます。

どうして、うまくいかなかったんだろう？ ではなく、
どうしたら、うまくいったのだろう？

へ問いを変えてみてください。きっと、ピンチがチャンスに変わります。

断ることは大切なものを大切にする行為

「断る」という言葉の意味を調べると、【相手の申し出などに応じられないことを告げる。拒絶する。辞退する。契約や雇用などの関係をうち切る】といった強い表現が並びます。断られる立場に立つと、精神的に落ち込まずにはいられないような言葉が目立ちます。しかし、実際には断る立場に立つこともまた、なかなかつらいものなのです。

私は、雑誌編集部に転職する前に、DTPデザインと呼ばれる、パンフレットやカタログ、雑誌などの紙媒体のデザインをするための勉強をしていました。

どんな媒体のデザインをしたいかと期待や希望に包まれながら、雑誌だったらあの雑誌、パンフレットだったらあの会社、と毎日のように思いを巡らせていました。

最終的に、大本命は、(後に転職した)フォトマガジンに携わりたい。次に行きたいのは、パンフレットやカタログのデザインを手がける神戸のデザイン会社と、希望の転職先を2つに絞っていきました。

そのうえで、本命の2社を受ける前に、転職活動として3社ほど受けました。最初の2社は、驚くほど冷たい対応でした。無理もありません。制作・クリエイティブ系の仕事をする人の大半は、専門学校や大学卒業後の20代のうちに実務経験を積み、30歳ともなれば、現場の中核を担う立場。デザインの実務経験がまったくない私は、無謀にもそんな業界へ30歳未経験で飛び込んでいったのです。冷たい対応は当然と言っていいでしょう。

ところが、3社目に受けた会社だけは状況が違っていました。外国車のカタログなどを数多く手がけるデザイン会社で、社長が直接、2時間ほど面接してくださいました。入社後でもいいので、日常英会話を勉強してくれさえすれば合格と言われました。今ではなく、やる気と将来性を評価してくださったのです。さらには、「ちゃんと自分と向き合って、本命の会社を受けなさい。そこに受かったらそちらへ行ったほうがいい。もし落ちたときには、うちの会社に転職しなさい」と、とてもありがたい言葉までいただきました。

そして偶然にも、この言葉を言われた翌日は、本命の雑誌が主催するイベントに参加予定でした。イベント後、編集長から「わが社を受けてみませんか?」と声をかけていただいて、就職試験を受けることとなりました。

こうして、無事に転職を果たし、デザイン会社の社長には、丁重にお断りとお礼の手紙をお送りしました。お断りしたにもかかわらず、再度、「英語が苦手だと言っていましたが、不利な状況の中にあって、あれだけのガッツがある人です。きっと、うちの会社に来ても十分に頑張ってくれたことと思います。今後の御健闘を祈ります」というメッセージをいただきました。

意気揚々と転職をした雑誌編集部で待っていたのは、営業職が中心の兼務。クリエイティブな仕事は、ほんのわずかでした。

もっと制作がしたいという気持ちが高まった頃、営業をしていたご縁から、ありがたいお話が飛び込んできました。大好きだったポラロイドカメラの書籍が出版されるにあたって、外部スタッフとして編集協力をする機会をいただきました。休日はすべて、この書籍編集のサポートに没頭しました。

驚いたのは、この書籍のデザインに携わっていたのは、神戸のデザイン会社でした。そう、最初の転職を考えたときに、希望の転職先として名前をあげていたもうひとつの会社だったのです。書籍の打ち合わせの折に、雑談の中で、雑誌編集部を退職する話をしたことがありました。

すると、さらに驚くことが続きました。雑誌編集部を退職するのであれば、新たに設立する東京事務所に転職しないかという話を、このデザイン会社からいただいたのです。

正直言って、私は舞い上がりました。デザインの勉強をはじめた頃に憧れていた会社から、絶妙なタイミングで、お声がけをいただく結果となったからです。

社長や東京事務所のデザイナーの方と食事に行き、会社の現況、これからやっていきたいこと、私が転職したら期待したいポジションなどのお話をうかがいました。

すべてのお話を聞いたところで、私の中で迷いが出ました。社長も、デザイナーもすばらしい人でした。会社の実績も文句なしで、将来のビジョンも明確であり、夢を持って仕事ができそうでした。

しかし、転職のお話をいただいたデザイン会社で期待されているのは、営業のポジションが8〜9割。デザインオペレーションなど制作に関わることが1〜2割。状況としては、雑誌にいるのと何ら変わらない条件だったからです。

私はずいぶん迷いました。制作経験の少ない私にとって、好条件でデザイン会社へ転職できるチャンスは、そうそうやってくることはありません。

憧れの会社に入るか、やりたいと思うことを実現させる方法を考えるか。半月ほどかかってしまいましたが、とことん考え抜いた結果、お断りしました。

憧れのデザイン会社に行くこと、断ること。そのどちらにもリスクがありました。どちらのリスクを取るかという選択だったとも言えます。人生において、こうした選択は何度も訪れます。どういうリスクを取るかは、自分の選択しだいです。

リスクというと、「損失」「危険」という意味で受け取る方も多いのですが、「将来、どうなるかわからない可能性」ということです。

そう、可能性なのです。そして、どちらの選択にも可能性があるときに人は迷います。そんなときに、迷いからひとつの選択を導き出す方法。それは、「条件」と「期待」を見つめること。言い換えると、「確実性」と「可能性」とも言え、確実性を求めるのか、可能性を求めるのかによって、自分がどうしたいのか。その選択肢が見えてきます。

私の例で言えば、デザイン会社へ転職していたなら、憧れの会社で働ける、業界で有名な会社で働ける、センスのいいデザインに関わることができる。大きな仕事をすぐに担当できる、といった〝好条件〟の転職先だったということです。

クリエイティブな仕事をしたい気持ちを優先させたなら、こんな写真が撮りたい、こんな文章を書いて誰かの励みになりたい、キャッチコピーで人が集まるきっかけを作りたいといった〝期待〟に向かう選択だったということです。

このどちらにも、よいことは含まれています。そのときに、どちらを選ぶか。こうした選択の中には必ず、「選ぶもの、断るもの」が出てきます。断ることを通して見えてくるのは、大切なものを大切だという信念です。

また、断ることは、あなたを心から突き動かす信念に出逢えるということであり、自分らしいキャリアに一番大切なものがはっきりしてきます。

失敗や課題は『主体的な選択』をするための宿題

『主体的な選択』は、あなたらしい人生を歩んでいくために、とても大切な力です。何かをやりたいという、実現の力につながっていきます。

私たちは日常的に、必ず何かを選び、何かを選ばないということを行なっています。何気ないことでも、主体的なのか、何となく選択しているのか。一つひとつは小さくて見過ごされがちですが、積み重なったときに大きな差を生み出します。

『主体的な選択』って、いつすると思いますか。重要な決断を迫られたとき？　常日頃から？　会社という組織に属するとき、『主体的な選択』はできるでしょうか？

答えはYESです。『主体的な選択』は、いつでも、どんなときでもできるのです。そうは言っても、自由にならないことは多いものです。人事異動は会社が決めるものだし、プロジェクトやチームで動いていたら、1人で決めるということはほとんどありません。

それでも、あなたの心と体を動かすのは、あなただけなのです。主体的な選択というのは、人生に起こることを100％自分で決める、ということとは少し異なります。

あなたも私も、家族や友人、同僚といったたくさんの人と関わり合い、つながりや絆を大切にしながら日々を過ごしています。会社の部署、プロジェクト、取引先と進めている仕事も多々あることでしょう。

決められることのほうが少ないからこそ、自分で決められることくらいは、自身の気持ちとまっすぐに向き合い、「こうする」という意志の下に決めるべきです。それが、『主体的な選択』の第一歩です。

脳科学でも言われていますが、人は、ある程度の制限があることによって、発揮できる力というものがあります。制限によって、もっと自由になりたいと考えてアイデアが浮かぶ、限られた範囲だからこそ、シンプルで迷いの少ない選択ができるといったことです。

とても簡単な例で言うと、就業中、昼休みにランチを食べに行き、ドリンクがついてきたとします。珈琲か紅茶だったら、すぐに決まります。

しかし、ドリンクメニューのすべての中から選べるとなったらどうなるでしょう。20種類あれば、それだけ迷いの時間が増えます。周囲を気遣う人だったら、店員がドリンクを聞きに来てしまったので、目に付いたものを頼んでしまうとか、一緒にいる人が素早く頼んだので、自分もつられて同じものにするとか、可能性が広がるほど、人は迷いが生じて『主体的な選択』ができず、〝とりあえず決める〟といったことが起こります。

とりあえず決めたって、物事は進みます。そして、本来の〝とりあえず〟の意味は、「何はさておき。他のことはさしおいて第一に」ということです。本来の意味での〝とりあえず〟決めたのであれば、素早い決断、主体的な選択です。

最近の傾向としては、「流れの中でいちおう」「迷いながら」という意味合いで、〝とりあえず〟とする人が少なくありません。

失敗に直面したときに対峙してみると、迷いながらとか、いちおう決めたなど、ランチ・ドリンクをオーダーしたときのように、迷いやいちおうという状態が引き金となっているケースが多くあります。

〝とりあえず〟決めたとき、〝迷い〟は、ほんの一瞬脳裏をよぎる程度なので見逃されがちです。後々、その瞬間について、じっくり掘り下げてみましょう。すると、うまく言葉にならないけれど何となく胸がざわついていた、あるいは頭では理解しているけれど、気持ちが納得していないなど、思い当たる節があるのです。

人は、感覚的なものをおざなりにする傾向があります。自分自身の感覚であるほど、そして、仕事の現場であるほど、自分の感覚を横に置いてしまう人が多いのです。感覚というのは、あなたのさまざまな経験や体験を通して積み重ねてきた実践データのようなものです。スキルやテクニックと言われるものを小手先で扱うくらいであれば、あなたの感覚を大事にしたほうが、よりよい選択ができるケースがあります。

ところが、自分の肌感覚に自信が持てないことが多いのです。その原因のひとつ、自信のなさのひとつとして、〝とりあえず〟決めることが影響しています。これは、意識をしていないことだから困りものです。

失敗をしたときというのは、その困りものの正体に気づくチャンスでもあります。

惰性で決めている自分から、『主体的な選択』をするための練習としては、ついつい何でもいいと決めてしまいがちな状況で、意識的な選択をします。

前述のランチのドリンクを選ぶようなとき、とくに、〝とりあえず〟選んでしまった後に、「今はすぐに決断する必要があったから、あえて、とりあえず決めたのだ」と宣言してみてください。

流れに任せて決めた〝とりあえず〟のことも、今ある状況に鑑み、自分で主体的に選択したのだと宣言することによって、自分が選択したという意識が芽生えます。流されたのではなく、自分で選んだのだと宣言することによって、不思議と気持ちが軽やかになり、次の行動への一歩が踏み出しやすくなります。

『主体的な選択』を意識した行動から生まれてくるのは、小さな自信です。何かをやっていて自信がないというときのほとんどが、「選択すること」「決めること」に何らかの躊躇があるからなのです。

違和感、納得感に見る2：8の法則

人はとても不思議な生き物で、頭では理解していても、気持ちやカラダが納得していないと、行動に移せないことがあります。

たとえば私の例で言うと、2度目の転職活動中に、こうした状況に何度も陥りました。雑誌編集部を退職すると決めたとき、ありがたいことに次の仕事の話をいろいろな会社からいただきました。絵本の編集と海外の絵本の版権購入、デザイン会社の営業とデザイン・オペレーション、組織開発コンサルティグや出版を手がける会社での編集と撮影など、バラエティに富んだ会社からのさまざまなオファーでした。

なかでも、この章で触れた、神戸のデザイン会社からのオファーは、営業職とクリエイティブ職の狭間で、大きく心を揺り動かされました。

憧れの会社からお声がけいただいたことがうれしくて、最初は転職する方向で話を進めていました。その会社の制作物は、どれもセンスがよく、全国区で知られるカタログ通販なども手がけていました。また、紙媒体に留まらず、イベント、カフェの内装デザインやプロデュースを手がけていて、業務内容を知れば知るほど、心踊る気がしました。

また、転職を考えているタイミングでお声がけいただいたのも、深いご縁があるとしかいいようがないと思っていました。

ところが、ほんの少しだけ胸がざわつくような感じがありました。憧れの会社、絶好のチャンス、業務内容の面白さ、どれをとっても理想的なものでした。それでも、言葉にならない胸のざわつきが小さな違和感となり、モヤモヤしていたのです。このモヤモヤが最後まで拭えず、最終的には転職はお断りしました。

ぜひ、ウチの会社にと、お声がけいただく機会はなかなかあるものではありません。その点では、ご縁はあるし、先方から求められている立場なので、これ以上の条件はなく、本当に身にあまるありがたいお話でした。営業職で8割くらいは納得していました。それでも、違和感が2割ほどありました。この違和感というのは、感覚的なものです。実は、こうした感覚的なものほど、曖昧に思えてしまうために見過ごしがちです。

この状況を冷静に観察してみたとき、納得している8割は頭で考えていることですが、違和感を感じる2割は、行動しようとすると、二の足を踏んでしまうような感覚的なことです。いわば、気持ちや心といったものです。

仮に、流れや波が自然なカタチで訪れ、自身に一切の迷いがなく状況もスムーズに展開してゆく。思っている以上に、自分の行動が手際よく進むといった場合には、頭で理解しよ

う、納得しようというのではなく、何となくしっくりきている、安心して事に臨んでいると
いった状態と言っていいでしょう。何かをしようと頭で考えなくても、自然と行動に結び付
いていいます。

逆に、頭では理解していても、体が動かない、行動に結びつかないとき、たいていの場合
は、自分の意にそぐわない行動をとろうとしている可能性があります。

このように、頭で理解していても行動につなげられないときには、いったんその状態のま
ま立ち止まってみるのもおすすめです。

本来、新しいことにチャレンジする、変化をするときは、少し不安がつきまとうものです
が、納得感が8割あれば、残りの2割も不安を超えた期待感に胸を膨らませていることが多
いはずなのです。次のステージへと進み、何らかのカタチで成果をあげた自分を、おぼろげ
ながらもイメージできるからです。

ましてや、先に述べた転職の話のように、事がスムーズに進み、流れに身を委ねられる状
態であるほど。

こんなに恵まれた状況下にあっても、胸のあたりがざわつく、何となく違和感を覚えると
なれば、その状態がどうして起こるのか、感覚的なものにしっかり向き合ったほうがいいの
です。向き合って、なお違和感を感じるときは、ご縁がない、もしくは、今はそのタイミン

グではないということも考えられます。就職も転職もご縁です。

あなたが受けてみたい会社は、人とのご縁と同じように、あなたとの相性をしっかりと見定める必要があります。会社側が、あなたを選ぶかどうかを判断するのと同じように、あなた自身も入りたい会社なのかをしっかりと判断する必要があります。

はじめて仕事に就く場合、あなたが自分自身の適性を正確に知る術は、ないに等しいと考えることもできます。仕事は、実際にやってみないと適性がわからないという側面があるからです。業種や仕事内容が、やりたいことと違っても、一所懸命取り組む価値はあります。

転職となると、やりたいこと、好きなこと、適性などが、ある程度見えてきます。そうした場合、やりたい仕事か、転職先とのご縁があるかどうか、あなた自身の感性もフル稼働して判断する必要があります。

頭で理解していて行動が伴わないときは、「本当にこの選択でいいのだろうか」とたしかめるセンサーが働いています。自分の感性というセンサーを研ぎ澄ませてみてください。

逆境を力に変えるシンプル質問術

あなたは、「好き」で「得意」なことに、ワクワクしながら取り組んでいるでしょうか。

また、それらを楽しんで続けていますか。好きを仕事にできたら、すばらしいことですが、それは必ずしも仕事である必要はありません。

好きなことを仕事にしたり、仕事の中に好きなことを見出して取り組むことができている人の多くは、充実していて、やりがいを感じる日々を過ごしています。

好きなことに夢中になっていると、時間があっという間に過ぎていきます。逆に、嫌いなことをしなければならないとなると、時間の流れが驚くほど遅くなるものです。これは誰もが、幾度となく経験していることだと思います。

そして、どんなに好きなことを仕事にしていたとしても、逆境とも言うべき出来事に遭遇することがあります。困難の渦中にいると、時間の流れが遅く、なかなかそこから抜け出せないように思えてきます。

そんなときが来る前に、準備しておくといいことがあります。それは、日頃から習慣となるように、たったひとつの問いかけをし続けてください。魔法の呪文のように、毎日繰り返すことがポイントです。それは、次のような問いかけです。

「どうやったら、楽しみながらうまくいくか？」

大変な状況になってから、問いかけても、なかなか対応策は思いつきません。日頃から、この問いかけを自身に投げかけ、考える習慣をつけておくことが大切です。

私は体操競技をしていた頃、演技をする前に「絶対成功する」と呟き、大きく息を吐き出してから技に取り組んでいました。これは、練習でも試合でも試みていたことなのですが、試合のときのほうが威力を発揮でき、試合での成功確率が高いほうでした。

試合というのは、緊張感でいっぱいになるものです。それによって、ふだんとは体の動きが違ってくることがあります。いつもより宙返りが高かったり、ふわふわして平均台での歩きが不安定になるなどです。宙返りに高さが出るのは、演技としてはよいことですが、いつもと違い過ぎると、着地のタイミングが狂います。平均台は、幅が10cmですから、歩いて不安定だと技にも影響します。

こうしたときに、立ち戻るあり方というのが私にとっては、「絶対成功する」という呟きと、大きく息を吐き出すことでした。体というのは本当に精緻なもので、習慣となっていることを行なうと、ニュートラルな心のポジションに戻りやすくなります。

このスポーツでの経験を仕事にも活かそうと、いつも行なっていたのが、先ほど書いた、**どうやったら、楽しみながらうまくいくか?**という問いかけと、そのことを考えるという習慣です。

突発的なことが起きても対応できるように、日頃から問いかけて考えることを習慣にしておきます。習慣にするためには、繰り返し行なうのが一番です。このあたりは、スポーツの練習と似ています。

このとき、大切なことは2つです。〝楽しみながら〟と〝日頃から〟という点です。ただ、うまくいくのではなく、**楽しみながらうまくいくこと**を、**常日頃**、考えるのです。

楽しみながらということに重点を置くと、やる気が湧いてきて、自然と継続できます。人は、生活のためや生きるためだけでは、仕事にやりがいを見出すことは難しいのです。

元来、人は好きなこと、ワクワクする気持ちを起点とした自発的な行動には、時間を忘れるほど積極的に取り組めます。さらに、ワクワクしながら考えるときには、面白いアイデアや豊かな発想が生まれてきます。

毎日、**どうやったら、楽しみながらうまくいくか？** という問いかけをするのは、どの時間帯が最適でしょうか。私がおすすめするのは、朝の通勤時間です。会社に到着するまでという、時間に制限のある中で、意識的に目を動かしながら、いろいろなものを見通すことができる環境だからです。

制限のある状況は、脳を活性化してくれます。大事な試験のときなどに、脳がフル回転していた感覚を思い出したりしませんか。試験では、制限時間が設けられているため、驚くほどの集中力を発揮することができたりします。

また、いろいろなものを見通す、近くや遠くを交互に見る、いろいろなものに目を向けるなど、意識的に目を動かすようにしてください。目を中心に、五感をフルに活用してものごとを捉え、ありとあらゆる情報を立体的に受け取る力が働きます。

時間制限がある中、意識的に目を動かし、楽しみながらうまくいく方法を考える。こんな習慣を作っておくと、逆境に立たされたとき、いつもの問いかけをすることで、まずは平常心に立ち戻ることができます。

次に、逆境を乗り越えるために、五感をフル稼働してあらゆる情報を受け取り、複合的にアイデアを生み出して解決策を導き出す集中力へとつながります。

逆境に立たされた状況下で、楽しみながらというのは、現実的には難しいかもしれません。だからこそ、日頃の心がけとして、楽しみながらうまくいくというスタンスで考えておくのです。

そうすることによって、いつでもオープンな気持ちで事にあたる備えができます。体の感覚を伴って行なったことは、あなたの頭よりも体が覚えていてくれます。

やりたかったけれど、やってこなかったことにチャレンジする

「できる」という小さな積み重ねは、人生において欠かすことができない経験です。別に、

大きなことである必要はないのです。「できる」という経験を積み重ねていくと、やがて小さな自信が生まれます。小さな自信が積み重なって、自信の積算となっていくのです。大きな「できる」という経験も大切ですが、小さな「できる」は積算されていくからこそ、しだいに自信や確信となり、自分の感性を信じて選択ができるようになります。

何かを選びとるときには、わずか数秒で「好き」とか「嫌い」を感覚的に決めていく要素と、ロジックで考えて決めていく要素とがあります。人は、好きか嫌いかといった感覚的な判断は、瞬時にできるそうです。その後に、ロジックがついてくると言われています。

仕事でもプライベートでも、ごく稀に自分のことを自分で決められない方に出逢うことがあります。主人（妻）に相談してみる、上司に確認してみてから——。

もちろん、仕事については、部署内での相談、プロジェクトチームでの確認事項など、そのときどきの仕事の進め方によって、決められる範疇は変わることもあるし、最終決裁においては、上司の確認が必要なことは言うまでもありません。

ところが、担当者が判断してもいいのではないかという実務レベルの話でも、決められないという方が稀にいらっしゃいます。

そのような人をよく観察してみると、本当にまったく決められないというより、自分の感性を信じきることができず、自分で出した判断にＯＫが出せないという状態であると見受けられます。

もし、こうした状況を変えたい、自分の感性を信じて物事の判断や選択がしたいと思うのであれば、少しだけチャレンジをする必要があります。一番のおすすめは、やりたかったけれど、やってこなかったことにチャレンジすることです。趣味でも、仕事に活かせる資格でもいいのです。

雑誌編集部に在籍中、会社を動かす主要業務のすべてにまたがって兼務していたことがあります。写真家であり経営者でもあった、上長のマネージャー業務からはじまり、雑誌の広告営業や広告企画、総務や経理庶務もやっていました。入社して半年も経つと、会社のことはほとんど把握できていて、同期入社の社員にも質問されるほどでした。

社内でのポジションは、最初からというわけではなく、続けることでどうにか築いていきました。はじめはわからないこと、知らないことばかりでした。知らないことや知らない用語を調べるだけでも、数時間が経つこともありました。

雑誌はチームで作り上げるものですが、社内に同じ仕事をしている人が1人もいなかったため、たいへん孤独な状況で仕事をしていました。私以外のスタッフはみんな、編集を担当したり、カメラマンを担当したりと希望の業務に就き、楽しそうに仕事をしていました。そんな姿を見ていることが、うらやましくもつらくもありました。

広告が入ることで雑誌は成り立ちますが、その分、記事ページが減ります。雑誌に広告が入ることは喜ばしいことですが、なかなか広告の位置付けを理解してもらえず、怪訝そうな顔をされたりもしました。編集専任スタッフとの立場の違いで、こうした事態にうまく折り合いがつけられない状況に苦しんだこともありました。

平日は営業で外回りの仕事を担当し、週末は1人で社内に籠って経理庶務などの仕事をしていました。こうした兼務の状態を望んでいたわけではありませんが、とにかく仕事を進めていく上では、今やることをやる必要がありました。さらには、「せっかくやるのであれば、楽しむ」がモットーだったので、望んだ仕事ではない業務ほど、どうしたら楽しめるかと、問いかけ続けていました。

それでも、私を支えていたのは、愛読誌であったこの雑誌を、もっと世の中の人に広めたいという使命感。純粋な読者として楽しみたいという視点。会社全体を支える、あらゆる仕事をする視点と責任感でした。

対極に位置し、幅広くも奥深くもある仕事に関わり、多角的な役割や視点を与えてもらったからこそ、学びや気付きをたくさん受け取りながら仕事をすることができました。どの出来事も、ひとつ残らず、大切な「経験という財産」となり、今につながっています。

今まで、手を付けずに棚上げしてきたことはどれくらいありますか？

その中のいくつかを選んで、同時にチャレンジしてみてください。ひとつよりも、２つ３つ同時にスタートするのがおすすめです。楽しめることと、ひたむきに行なう資格取得などとのバランスを図りながらだと、なお効果的です。

もし、趣味にしたいことが見つからない方には、写真を学ぶことをおすすめしておきます。写真は〝選択の芸術〟と言われ、シャッターチャンス、構図、撮った後の写真選びと、常に選択の連続です。ひとつのことを深く見つめる視点と、いくつかのことを同時進行することによる幅広い視点とが、並行して鍛えられます。

集中と拡散。一部と全体。深さと幅広さといった、対極となる視点を持ち合わせることができるようになっていき、バランスの取れた視点からものごとを捉え、考えることができるようになっていきます。

楽しめることは、比較的早い段階で「できる経験」を実感することが可能です。〝好きこそものの上手なれ〟ということわざどおり、楽しめることは、自然に一所懸命になれて、自分で工夫したり勉強することで上達が早まります。

6章

うまくいったらどうしよう？と考えてみる（楽観性）

「うまくいったときって、どういう状態か」を考えてみる

「うまくいったときって、どういう状態か」を考えることとは、「どんな未来が待っているとうれしいか」という理想の未来を思い描くことです。天気のいい日だったら、太陽に向かって、両手を伸ばしながら深呼吸をしてみてください。笑顔になれたら、なおいいでしょう。あごを上げ、空を見上げた状態は、よいことが思い浮かびやすくなります。深呼吸をするときには、胸を張って、肋骨を開くイメージを持ってください。〝オープンマインド〟という言葉がありますが、実際に、肋骨を開くような姿勢になると、自然と気持ちもオープンになります。

心配や不安を抱えていると、眉間にシワができたり、前屈みや俯き加減になりがちです。考えていることは、姿勢や表情に現われます。逆に、姿勢や表情を心持ちのいい状態に近づけると、ワクワクしながら未来をイメージしやすくなります。そのうえで、次の3つのことを思い描きます。

- **こうあってほしいということを具体的にあげてみる**
- **どんな行動をしたらいいのかを考えてみる**

・具現化できた瞬間の気持ちを想像してみる

仕事に特化した成果を思い描くということであれば、個人としてのアウトカム（成果、結果）、全体（プロジェクトの一員）としてのアウトカムを考えてみてください。プロジェクトメンバーでアウトカムを考えるときは、共通認識ができるようにコラージュボードなどを活用して、視覚表現や言葉に落とし込み、シェアすることをおすすめします。

あなた個人のこととしてであれば、「うまくいく」という場合は、あくまで主観を大切にしてください。自分が納得することを思い描きます。

「うまくいく」ということを、より具体的に考えるとき、スポーツにたとえるとわかりやすくなります。スポーツでは、成果とプロセスについて、パフォーマンスとメンタル面の2つの観点から見ていくことができます。

パフォーマンス面では、最大限よりよい状態を試合で発揮できたのか。メンタル面では、納得の演技、成績を収められたのか。この2つの観点を掘り下げてみると、

・演技に納得いかないし、目標の成績でもなかった
・演技に納得はいかないけど、目標の成績を収めた
・納得いく演技だったけど、目標の成績ではなかった
・自分の納得いく演技で、目標の成績も収められた

という4つに大別することができます。理想とするのは、プロセスも結果もよい、4つ目の状態です。

スポーツ界で、パフォーマンス、メンタル面のどちらも成果をあげるための練習として行なうのがイメージトレーニングです。実力が最大限発揮できるよう、演技やプレーの成功イメージを繰り返し思い描きます。イメージトレーニングという手法は、脳の「イメージ記憶」という特徴を活かした練習方法のひとつです。脳神経外科医・林成之さんは著書の中で、〝イメージ記憶とは何か〟ということについて、次のように書かれています。

「物事をありのまま記憶するのではなく、その物事についてのイメージを自分の頭の中でつくりあげ、それを記憶することをいいます。じつは人間の記憶はすべて、このイメージ記憶によっておこなわれているのです」

（林成之『〈勝負脳〉の鍛え方』講談社現代新書、２００６年）

スポーツ選手は、自分の好プレーや、自分よりパフォーマンスが高い選手のプレーをVTRで見て、視覚、音、リズムなど、いろいろな形でインプットしながら、自分のパフォーマンスのよいイメージ、よいリズムを具体的にするのです。この「よいイメージ、よいリズムを具体的にする」ことがイメージトレーニングと呼ばれるものです。

ただ、ボーッとVTRを見ているのではなく、「うまくいっているときは、どんな状態か」を、より具体的に意識することが大切です。

具体的というのは、たとえばスポーツ選手は、試合後にどんな表情でコーチと握手をするか、賞状をもらうときに表彰台にどうやって上がるかなどを、映画のように流れやストーリーとして頭の中でイメージします。なかには、優勝した後の取材で何を話すかまで考えておく人もいるほどです。勝つか、負けるかをイメージするというよりも、どういう勝ち方をするかを考え、起こり得ることを想定した一連のストーリーを具体的にしているのです。

スポーツでよく行なわれる、イメージトレーニングという手法は、仕事にも活かせます。仕事には勝ち負けはありませんから、どういう成果の上げ方をするのか、ということを具体的に考えます。

成果に加えて、納得のいくプロセスを具体化してみてください。実際に、描いたプロセスを辿るかどうかは別の話で、むしろ想定どおりにはなりませんが、気持ちがよい方向へと動くようなことを考えます。

営業先で契約が結ばれることを想定するとしたら、会社を出てどの道を歩き、どういう経路で先方の会社に行くのか。お客様の会社に到着し、どんな挨拶をするかという具合に、仕事全体の流れはもちろんのこと、手がける前、終わったときのことまでを、手に取るように思い描いてみます。

「仕事ができる」ようになりたいのなら、仕事への思いを通して、目標や成果を達成した自分がどうなっていたいかという状態を思い描きます。なかなか自分の理想の未来を思い描くことができない場合は、正確さを見習いたい同僚、仕事が早い同期、目標を達成し続ける先輩、「できる」と周りから一目置かれる上司など、「理想の未来の自分に近い対象者」を観察することで、具体的なイメージにつなげやすくなります。

仕事ができる、夢や目標を実現させ続ける人には、必ず理由があります。成果だけを見るのではなく、その人が仕事に対してどういう心持ちでいるのか、どうやってよりよい仕事の仕方をしているのか、という意識を持って観察してください。

観察して気付いたこと、感じたことはメモをします。自分が「その人だったら」という観点や発想で、いつもと違うやり方を試してみます。

どんなに小さな仕事やプロジェクトでも、成し遂げられたと実感できた出来事は、感情とともに、よい記憶として残り、対応力の引き出しの数が増えていきます。

ですから、自分で実感、経験した達成感などのよいイメージや成果に関連することは、できるだけノートや手帳に書き留めてみてください。そのとき、ただ事実を書くだけではなく、その瞬間、聴こえてきた音楽、目に飛び込んで来たものと一緒に、感じたことも書きます。よりよい状態の記憶を留めやすくなります。

誰しも、何か失敗をすると反省し、そこから学びや気付きを得ようと努めます。

ところが、うまくいっている理由を振り返ってみる人は、意外に少ないものです。

実際に行動して、思ったとおりの成果が出たとしたら、どんな場所にいて、どんな音が聴こえていて、どんな気持ちになるのかといったところまで、落とし込んでノートに記録します。誰か相手のいることなら、相手の反応なども書き留めておきます。

こうした、よい成果の出た経験の振り返りは、スポーツ選手が行なうイメージトレーニングと同様に、よい選択、次へつながる対応力の蓄積となります。

うまくいったときのテーマソングを決めておく

あなたは、スポーツ観戦をしたり、テレビ中継を見ることはありますか。よく見てみると、テーマソングを導入しているスポーツは、意外と存在します。チームのテーマソングだったり、選手個人の登場曲などです。

甲子園や高校サッカー、格闘技、フィギュアスケート、オリンピックやワールドカップといったスポーツ関連の特別番組では、各スポーツや番組ごとにテーマソングがあり、放送期間中、視聴者の私たちは知らず知らずのうちに、その曲がかかると、スポーツ中継がはじまると認識し、自然とテレビに目を向けるといったこともあります。

プロ野球では、チームの応援歌以外に、各選手がバッターボックスに入るときに、自分で決めた曲を登場のテーマソングとして流しています。このテーマソングという考え方は、〝アンカリング〟というテクニックと捉えることができます。

アンカリングは、NLP（神経言語プログラミング）で使われる代表的な手法です。

これは、五感で受ける刺激を活用して、ある特定の感情や反応を引き出す方法です。何かがうまくいったとき、よい状態で成果を出せたときのことを想像してみます。何が見えて（視覚）、何が聴こえて（聴覚）、何を感じたのか（体感覚）を観察しながら、うまくいった状態を味わいます。一番いい状態になる直前に、そのまま、たとえば手首をさする、手のひらを軽くトントンと叩くなど、簡単な感覚的な刺激を与えてみます。

こうした手順を何度か繰り返すことによって、手のひらをトントン叩く動作をすると、よい状態の反応が引き出されることとなります。

最高のパフォーマンスを引き出すために、アスリートの中には、上手にアンカリングを活かしている人が数多くいます。

マラソンの高橋尚子さんの場合、アーティストのｈｉｔｏｍｉさんの音楽を聴いて気持ちを高めるというエピソードが話題になりました。またイチロー選手は、メジャーへ移籍してからの7年間、毎日ブランチにカレーライスを食べていたと取り上げられたこともあります。さらに、打席に立つときに、バットをグランドのほうに突き出しながら、ユニフォームの袖を少し上げるという決まった仕草もアンカリングのひとつと言えます。

アンカリングは、自分の気持ち、ペース、よい状態を引き出し、よいパフォーマンスに近づけるスイッチの役割をしてくれます。ビジネスのシーンでも活かすことができます。

私は、この本の原稿を書くとき、同じカフェの同じ席に座り、執筆することが多くありました。ジャズが流れるカフェに移動し（体感覚／聴覚）、同じ席から見えるシーン（視覚）、珈琲の香り（嗅覚）など、アンカーされやすい状況が整っています。

この一連の行動を行ない、決まったシチュエーションになると、伝えたいことが整理され、文章に表現しやすくなるといった状況が引き出されやすくなったと考えられます。

実際に、カフェの同じ席に座ると集中しやすかったので、何度もそこへ足を運ぶようになったり、そのカフェの珈琲豆を購入して、自宅で入れることも増えました。

あなたの仕事でも、活用できる方法はないでしょうか。たとえば、営業に行くときは、プレゼンがうまくいった日のネクタイを身につける、交渉のときはこの道を通る、出張に出かける前に、職場のデスクを整頓するなどです。

私の周りにいる、セミナーや研修講師の多くは、こだわりの香りがある、セミナー会場で決まった音楽をかけるなど、同じパターンの行動をしている様子をよく見かけます。

アンカリングという方法で、よい状態になる心持ち、あり方のスイッチを入れているのです。目の前の行動を気持ちよく進める態勢を整えることは、スポーツに限らず、ビジネスでも大切です。アンカリングは、うまくいくときの心のあり方や感覚を呼び起こす方法のひとつなので、ぜひ活用してください。

加えて言えば、過去の成功パターンは無理して捨てる必要はありません。どんなことに当てはめても成功する自分だけのパターンがあるとすれば、活用したほうが、よい心持ちで行動できるし、成果も上がりやすくなります。

たまに、自己啓発本で「過去の成功パターンは捨てよう」といった内容を見かけることがあります。過去の成功パターンに固執し過ぎると、他のやり方、新しいやり方が見えなくなります、といった教訓くらいの気持ちで受け止めてください。

自分の成功パターンの中にある、うまくいくときの心持ちやあり方は、スポーツでいう基本の型、構えのようなものです。決まった姿勢やリズム、香りや音楽（テーマソング）があると、「こういう心持ちのときはうまくいく」「こうしたあり方で物事に向き合っているときは成果が出る」といった自分の軸や立ち位置の確認ができます。

失敗は、うまくいったことを引き立てるエピソード

あなたは、これまでに失敗をしたことがあるでしょうか?

あなたは、その失敗の後どうしましたか。失敗にまつわるエピソードを、今思い出すことはできますか。

私は、数多くの失敗をしてきました。とても小さな失敗から、挽回できずに終わったと思うことまでさまざまです。

私は、一見すると行動力があり、物怖じしないと思われることが多いようです。いつでも夢や目標に向かって、ガンガン突き進むタイプ、と人からは言われています。

しかし実際は、わりと慎重、臆病で引っ込み思案なのです。企画を練っても、アプローチできずに終わるとか、頭の中で何度もシミュレーションしてからでないとアプローチできないとか、緊張してプレゼンが上手にできなかったなどの経験もたくさんしています。

何を隠そう、この本の出版のために行なったプレゼンでも、かなり緊張して、声を震わせていました。士業の先生や経営者の方など、立派な諸先輩方が大勢いる中でのプレゼンは、

生きた心地がしませんでした。実際、そういった方々はプレゼンも上手でした。

それでも、「本を出版したい」という意志は強くありました。だからこそ、絶対成功したいという気負いもあって、声が震えてしまったのだと思います。

自分ではもどかしい失敗の数々。あの日のプレゼンをやり直せるなら、もっとこんなふうに改善して——と考えることが、今でもあります。

プレゼンが終わった後、参加者のある方から、「あんなプレゼンでは、本なんて出せるわけがない」とも言われました。その後、「あんなプレゼンでは——」と言われたことが、何度も頭の中でリフレインしていました。

けれども、本の内容を何度も練り直し、今こうして1冊の本として、あなたが手に取ってくれています。

拙いプレゼンしかできませんでしたが、本を出版しましたと、この項目で書かせてもらうことによって、もしかしたら、あなたの行動の一助になるかもしれません。

私と同じように、慎重で臆病な人、引っ込み思案で緊張しやすい人がこの本を手に取ってくださっているかもしれません。

こうして今、失敗したことをエピソードのひとつとしてご紹介することによって、「私のほうが、まだましだわ」と、行動に弾みがつく方がいるかもしれません。

プレゼンが上手にできなくても、慎重で臆病でも、緊張しやすい性質でも、夢を思い描くことができなかったとしても、「こんな私でも、何かできるかもしれない」と思って、小さな一歩を踏み出す選択をすると、人生は変わっていくものです。

あなたが今、どんな状況にあっても、何か不得手なことや苦手なことがあったとしても、そして、どんなに失敗をしたとしても、些細なことでもいいのです。ひとつの行動をすることによって、夢は実現できるということをお伝えしたくて、この本を書いています。

失敗は、何か行動をした、前に進んだときにしか起こりません。何かで失敗をしたということは、確実に前に進んだということの証しなのです。その失敗から、何か学びや気付きを得て、次のステップや行動でしっかりと活かしていけばいいのです。

失敗した出来事は、きちんと向き合い改善されると、すでにその時点でエピソードに変わっています。もちろん、失敗を取り返そうとしている渦中にいるときは、それどころではないかもしれません。

自分の失敗、それを乗り越えたプロセスというのは、「あのときの失敗があったからこそ、今の自分がある」というターニングポイントを語る重要なエピソードになります。

誰かに話すと、面白くて、参考になるエピソードへと姿を変える場合があります。

本当の失敗というのは、「何もしないこと」とも言われます。ひとつでも行動をしてみると、失敗と思えることが起こります。その失敗を解決し、次の行動へとつなげることで、それは誰かとシェアできる、体験談という名のエピソードに変わります。また、誰かが同じ失敗をする前に伝えることで、うまくいくための方法に転換することができるのです。

行動を起こさないということが、何よりの失敗だというのは、「何もしないことからは何も生まれないから」と言えるのではないでしょうか。

かつて、私は失敗をひた隠しにし、いいことだけ、成果だけを人に伝えていた時期がありました。20代後半のことでした。

あの頃は、30歳を目前にして、仕事、結婚、出産といったライフステージを漠然と考えては、将来への不安を抱えていました。誰かに、そういった不安を話せばよかったのですが、失敗を隠し、成果だけを伝え、〝できる人〟と思われたいという自分がいました。

そう思わせることで、転職とか、成功への道筋ができるかもしれないという浅はかな考えだったのです。そして、そのことは真逆の作用しかもたらしませんでした。

あなたの失敗は何でしょうか。その失敗を乗り越えた経験はどんなものでしょうか。ぜひ、会社の後輩や部下、友達へ話してみてあげてください。あなたの話によって、勇気づけられる人が身近にいることがわかるはずです。

料金受取人払郵便

神田支店
承　認
8188

差出有効期間
平成26年8月
31日まで

郵便はがき

1018796

511

(受取人)
東京都千代田区
神田神保町1－41

同文舘出版株式会社
愛読者係行

毎度ご愛読をいただき厚く御礼申し上げます。お客様より収集させていただいた個人情報は、出版企画の参考にさせていただきます。厳重に管理し、お客様の承諾を得た範囲を超えて使用いたしません。

図書目録希望　　有　　無

フリガナ お名前		性別 男・女	年齢 才
ご住所	〒 TEL　（　　）　E メール		
ご職業	1.会社員　2.団体職員　3.公務員　4.自営　5.自由業　6.教師　7.学生　8.主婦　9.その他（　　）		
勤務先分類	1.建設　2.製造　3.小売　4.銀行・各種金融　5.証券　6.保険　7.不動産　8.運輸・倉庫　9.情報・通信　10.サービス　11.官公庁　12.農林水産　13.その他（　　）		
職種	1.労務　2.人事　3.庶務　4.秘書　5.経理　6.調査　7.企画　8.技術　9.生産管理　10.製造　11.宣伝　12.営業販売　13.その他（　　）		

愛読者カード

書名

◆ お買上げいただいた日　　　　年　　月　　日頃
◆ お買上げいただいた書店名　（　　　　　　　　　　）
◆ よく読まれる新聞・雑誌　（　　　　　　　　　　）
◆ 本書をなにでお知りになりましたか。
1．新聞・雑誌の広告・書評で　（紙・誌名　　　　　　）
2．書店で見て　3．会社・学校のテキスト　4．人のすすめで
5．図書目録を見て　6．その他（　　　　　　　　　）

◆ 本書に対するご意見

◆ ご感想

●内容	良い	普通	不満	その他（　　）
●価格	安い	普通	高い	その他（　　）
●装丁	良い	普通	悪い	その他（　　）

◆ どんなテーマの出版をご希望ですか

<書籍のご注文について>

直接小社にご注文の方はお電話にてお申し込みください。宅急便の代金着払いにて発送いたします。書籍代金が、税込1,500円以上の場合は書籍代と送料210円、税込1,500円未満の場合はさらに手数料300円をあわせて商品到着時に宅配業者へお支払いください。

同文舘出版　営業部　TEL：03－3294－1801

うまくいったときに、「ありがとう」を伝える人をリストアップしておく

あなたがもし、今取り組んでいる仕事でうまくいったとしたら、誰にお礼を伝えたいでしょうか。また、お礼を伝えたい人は、何人くらいいますか。

すぐに、日頃お世話になっている方々のお名前と顔が思い浮かぶことでしょう。その人たちは、あなたの今の仕事に、直接関わる方ばかりだと思います。

そのリストに、過去に出逢った方でお礼を伝えたいと思い付く人を加えてみてください。

今、あなたが元気に、その仕事に向き合えるのは、過去に出逢った方々のおかげでもあるからです。あなたに与えてくださった影響を通して、経験やスキル、心のあり方といったように、何らかのカタチで今の仕事に活かしていることがあるはずです。

ですから、過去に出逢った方々もリストアップしてみるのです。また、反面教師となってくれた出来事や出逢いもあったはずです。

さらに、それが現在進行形の出来事だとしたら、まだお礼を伝える気持ちになれないことがあるかもしれません。ところが、こうした出来事こそが、私を、そしてあなたを、ひと回りも、ふた回りも大きく豊かな心にしてくれた可能性があります。

これまでの関わりの中で起こったことを思い返してみると、プラスとマイナスの両方の出来事ともに、影響を与えてくれたことがあります。

人には、喜怒哀楽といった感情があるように、プラスの出来事ばかりが今のあなたを作っているわけではありません。ときには、悔しくて涙を流すこともあるでしょう。そうした経験が、今のあなたを、強く優しくしてくれることだってあるはずです。

ですから、今すぐにお礼を言えなくても、あるいは本当にお礼を言うことがなくても、〝あの反面教師とも言える出来事があったから今の私があります〟と、心の中でもお礼が言えるようになったら、そのときのあなたは、今よりきっと輝いて、状況も好転しています。

このように考えてみると、本当にたくさんのことから影響を受け、多くの方々のおかげで、今の自分があると感じられます。もし、今落ち込んでいることがあったとしても、この「お礼を言いたい人」という考え方を持っていたら、「なんくるないさ」という沖縄の方言のように、今より楽観的に、物事に向き合えるようになるのではないでしょうか。

そんな観点を踏まえて、近い記憶から遡ってもう一度考えてみてください。新人研修をしてくれた○○さん、厳しい上司だったけれど、親身に話を聞いてくれた○○さん、愚痴に付き合ってくれた同期の○○さん、会社の同期、大学や専門学校で、就職活動中の相談を親身に聞いてくれた就職課の方など、さまざまな人を思い浮かべてみてください。

このお礼を言いたい人のリストを考えていくと、最終的には、両親、祖父母などに対して、〝生んでくれて、育ててくれてありがとう〟といった感謝の念を思い起こすことになります。と、ここまでは過去から今日までに出逢った方々のリストアップでした。

もうひとつ、「ありがとう」を伝えたい人のリストを作ってください。

それは未来の出逢いに対してです。近い将来、お礼を言いたい人はいますか。まだ出逢っていないけれど、近い将来、あるいは未来で出逢えたらいいなあと思う人はいますか。そういう方々も、「ありがとう」をお伝えしたい人としてリストアップしてください。

まだ出逢っていなくて、お礼を言いたい人は、あなたが「これから出逢いたい!」という興味関心のある方々の名前が連なることになります。

近い将来、お礼を伝えたい人をリストアップすることによって、新しい出逢い、その先の関わり方をもイメージすることになります。今逢えるかどうかというよりも、逢えたらこのようにお礼を言いたいと、思い浮かべてみてください。

少なからず、そのリストの先には、あなたの近い将来が現われてきます。こんな人に出逢えるかもしれない、出逢えたらいいなあという、いわゆる〝出逢いたい人〟のリストは、そのまま願望のリストへと発展します。

過去や現在、すでにお会いした方にお礼を言うのは、すぐにイメージできます。現在までのリストに、未来でお礼を伝えたい人を書き加えていくことによって、近い将来のビジョンも自然と思い描かれていくことになります。お礼を言いたいということは、その方々との関わりを持てるということです。何となく逢うということではなく、お礼を言えるほどの仲になる出来事が起こるという前提だからです。

未来で出逢いたい人のリストを作る作業は、とても充実していて、楽しい気分になります。さらに、リストに出てきた人には、いつ、どこで、どんなシチュエーションでお逢いすることができるかといったことも考えてみてください。思いついたことは、リストとともにメモをしておきましょう。

リストアップした人たちへの「ありがとう」の伝え方を考えておく

前項でのリストアップはできたでしょうか。過去、現在の「ありがとう」、これから出逢いたい人、起こるといいなと思うことへの「ありがとう」のリストや覚え書きができてきたことでしょう。

今度は、このリストアップした方々の一人ひとりに向けて、「ありがとう」とともに、どんなお礼のメッセージを添えたいか。そんなところまで考えてみます。30人だったら30とおり、50人なら50とおり、100人いたら100とおりのお礼のメッセージを考えます。

過去の出来事に対するお礼のメッセージは、すぐに考えられます。もちろん、人数がいるとそれなりに時間はかかりますが、すでに起こったことについてのお礼であれば、単純に「○○について、力を貸してくれてありがとう」という内容のメッセージとなります。

現在、進行中の仕事だったらどうでしょう。まだプロジェクトが進行中で、もしかしたら今、プロジェクトを進行するうえで、大きな課題にぶつかっているかもしれません。そんな局面にいたとしたら、すぐにそのプロジェクトに関わる方々へお礼のメッセージを考えてみましょう。

進行形であっても、結論が出ていない部分は未来の出来事です。そのことについて、お礼のメッセージを考えるということは、その出来事の展望を考えることでもあります。

大きな課題、山場を迎えているとしたら、その出来事は最終的にどうなっていて欲しいでしょうか。どこで、どのように、そのプロジェクトの結末を迎えたいですか。

その成果をしっかりと考えて、こうなって欲しいと望む結末をイメージして、プロジェクトのメンバー、お世話になった方々へのお礼の言葉を考えてみてください。

お礼のメッセージを考えているうちに、今ある大きな課題、山場となっている出来事を解決するためのアイデアが生まれることがあります。

「ありがとう」とかお礼、感謝の言葉というのは、目の前のことに対して、真剣に、真摯に向き合ったときにこそ、心の底から溢れ出してきます。

最近、忘れられない出来事がひとつありました。その出来事によって、たくさんの経験をさせていただき感謝しています。けれども、その渦中にあるときは、体調を崩すほどのストレスとなってしまったため、感謝の思いとは真逆の気持ちでいました。

それは、私がプロデュース契約をしていたプロジェクトへの加入メンバーとして、ある知人を紹介したことに端を発します。知人によると、かつて同じようなプロジェクトに参加し、成果を上げていたということでした。私は心強いと考え、プロジェクトの管理者に引き合わせました。その後、知人が加わることでプロジェクトは軌道に乗り、その知人こそがプロジェクトの推進力になってくれるだろうと安堵しました。

ところが、すぐに問題が発生しました。1、2ケ月経っても、プロジェクトが進みません。問題についてたずねると、知人はリーダーの経験がなく、進行の仕方、仕事の進め方がわからないというのです。知人の語る成果、功績は、事実とは異なっていたのです。

知人にリーダーができないとわかれば、育成か、交代か、選択肢は2つ。今後のことを踏まえ、チャレンジの場として知人にはリーダー経験を積んでもらい、他のメンバーについてはフォローを徹底する。あるいは、プロジェクトが進まないと判断して、他の人をリーダーにして、知人には適性のある役割を見出す。このあたりのことを管理者と話し合い、早急に調整する必要がありました。

ところが、自分が引き合わせたことの責任から、何とかリーダーとして早急に推進力になってもらわなければと意気込み、知人をコントロールする心ない上司のようになってしまいました。それがストレスとなり、私自身が体調を崩しました。

しばらくして、知人はプロジェクト担当を退きました。私自身も体調を崩し、サポートや助言をする、ということで落ち着きました。

このプロジェクトは、新たなメンバーを迎えて今も存続しています。

私は、この出来事の渦中にいたとき、知人に対して「やれないことは言わないで欲しい」と反感を抱いたり、厳しい言動が増えたりしました。できないことを、どうしてたやすく引き受けたのかと責める気持ちにもなりました。また、実際にそれに近い話もしました。

しかし、どんなにその知人を責めたり反感を持ったとしても、できないものはできないのです。事実と真摯に向き合い、何が最善策かについて向き合ったほうがよかったのです。この経験は、私にとって大きな財産となりました。

私は今、フリーランスとして、さまざまなプロジェクトをプロデュースしています。プロジェクトに関わるメンバー間の調整をどうしたらいいのか。今後会社を設立し、会社の将来をともに考え、一緒に歩んでくれるスタッフができたときに、彼らとどうやって関わり、サポートしていけばいいのか――こうしたことに真剣に向き合う機会が、ギフトとして届けられました。今なら、大切なことを学ばせてくれたこの知人にも、お礼を伝えることができます。

うまくいったときの自分へ手紙を書いておく

何か物事をやりとげたとき、最初にお礼を伝えたいのは、周囲の協力者です。それは、同じ部署の同僚だったり、プロジェクトメンバーなどでしょう。その先には、自分の属するグループを支えてくれている外郭の方々がいます。

そして、最後の最後にお礼を伝えるべき相手がいます。誰だかおわかりでしょうか。他の誰でもなく、自分自身です。周りの方々とのご縁や協力によって、物事をなすことができますが、やはり自分が行動したことについて、ぜひとも自分自身に対して「ありがとう」の言葉を伝えていただきたいのです。

たっぷりと自分の思いや行動に浸り、周囲の方々へ感謝の気持ちを伝えるのと同じくらいの「ありがとう」で、心を満たしてください。ありがとうの気持ちを自身に伝えることは、自分自身を満たすことにつながり、あらたな一歩のきっかけになります。

多くの人が、自分のことを後回しにする傾向があります。しかし、本来は自分自身が十分に幸せで、充実した心持ちでいられたら、周囲の人に対して、自然に心から温かく、豊かな気持ちで接することができるのです。

だからこそ、目の前の夢や目的に向かって行動しようとするとき、よい結末をイメージして、自分自身への「ありがとう」のメッセージをしっかりと考え、伝えてください。

私は、自分への「ありがとう」の思いを〝3ヶ月先の自分へ宛てた手紙〟として書きます。1年、3年、5年先のことには、現実味を感じられないこともありますが、3ヶ月先であれば、変化をイメージしながら、現実味のあることが想像しやすいからです。

3ヶ月先の自分に宛てた手紙は、少し未来にいる自分自身との約束と同じです。手帳で3ヶ月先を見てみると、ちらほら予定が入ったりしています。その決まっている予定は、どんな場所で、どんな気持ちで迎えるのか。どんな景色が見え、どんな香りが漂っているのだろうか、などと想像してみます。

たとえば、その予定を無事に終えていたり、何か行動したであろう自分。何か問題を解決できている自分。改善策を見出した自分。行動したことによって、よい未来を迎えたであろう自分に、お礼を届けるという意味合いで手紙を書きます。

3ヶ月先の自分に手紙を書くという行為自体が、オープンマインドを引き出してくれることがあります。誰かに対して、オープンマインドでいるということは難しくありません。ところが、自分自身に対して、同じようにオープンマインドでいるのは、難しいことがあります。常に主観の立場にいるため、自分のことほど見えにくくなるからです。

自分と対峙したいとき、日記ではなく、手紙という書式にすることによって、誰かから自分へというような客観性を持たせることができます。自分の行動を振り返る日記を書くことも大切ですが、おすすめしたいのは、未来の成果を期待し、客観的に見つめた未来の自分へ宛てた手紙です。「こうありたい」という3ヶ月先の自分に手紙を書きながら、自分を鳥瞰することができます。この鳥瞰することによって、軽やかでオープンな心持ちを保つ工夫ができたり、目の前で起こることへのアンテナが敏感になったりします。

たまたま出かけたカフェに、会いたかった人がいたり、偶然入った雑貨屋で、前から欲しかったものが手に入ったり、電話しようと思って携帯を手に取ると、その相手から電話がかかってきたりといったことが起こります。

こうした〝たまたま〟や〝偶然〟には、意味があると言われています。しかしながら、どうして起こるかについては、明確で整然とした理由は見つかっていません。

ただ、起こり得る状態は、明るい気持ち、オープンマインドであるときなのです。

他の誰かに対してオープンマインドでいるということは、わずかな心がけでできます。相手の話に親身になって耳を傾け、ときには自分自身のことも話します。自己開示という言い方をすることもあります。

相互の関係についての関わりを持とうとすることで、周囲の人たちは、あなたの印象を受け止め、〝あなた像〟をイメージするようになっていきます。仕事であれば、同じ部署、プロジェクトの人たちとの関わりの中で、それぞれがメンバー個々を受け入れ、また自己開示していくうちに、「この人って、こんなタイプかな」というイメージを持ち、それにより、しだいに信頼感が育まれていきます。

前向きに行動したいときは、こうした周囲の人たちとの関係に加えて、自分が自分を認め、受け入れている必要があります。自分に対してもオープンマインドでいられると、自然体で行動することができます。

そのためにも、ときに自分を客観的に見つめ、未来に期待した手紙を送ってみてください。私はこの自分自身への手紙を『四次元ノート』(9章に後述)に書いたり、ときに便せんにしたためて、ポストに投函して届けたりしています。届くとわかっている手紙でも、人の手を介して郵便で手元に届けられると、ほんの少しワクワクします。

7 章

つなげて考える、わけて考えるで“好き”が増える（切替力）

嫌いな仕事の中から「好き」を見つける

嫌いだと思っていた仕事の中から、「好き」なことを見出せたという発見によって、私の仕事の仕方はガラッと変わりました。

たとえば、営業と呼ばれる仕事があります。新卒の人や若いビジネスマンをはじめ、一般的に敬遠されがちです。売り込みをする、ノルマが重荷、外回りがつらい、残業が多い、担当客の対応に骨が折れるなどのイメージがあるからと考えられます。私も以前は、営業には同様のイメージを抱いていて、売り込みして買ってもらうことと認識していました。ですから、営業担当となったとき、最初にやっていたことは、持っていたイメージどおり自社の商品がいかにすばらしいかを、あの手この手で語り尽くすことでした。

営業先の担当者は、何とか話は聞いてくれます。話し終えると、「いい雑誌だね。頑張ってね」で終わってしまいます。これは、どこのメーカーに足を運んでも同じでした。

メーカー担当者の方は、私も同じ業界の人間ですから無下にはしません。しかしながら、私がやっている営業では、必要性も感じないし、そこにマーケットがあるともとうてい思えなかったわけです。

元々、私は営業という仕事を好きではありませんでした。すべてのメーカーから、ひととおり断られました。このまま続けても発展性がないと感じていました。自分の存在意義まで否定されそうになる毎日。会社に戻るのが、とても憂鬱でした。ある日の営業も、これまで同様に真正面から断られました。がっくりと肩を落とし、カフェでひと呼吸おきました。「営業はこんなものだ」と思う自分と、「やり方がどこか悪い」と思う自分とが、せめぎ合う時間を過ごしました。もし仮に、やり方が悪いとしたら、どういうことなんだろう？　何が悪いのだろう？　と考えてみたのです。

そうして、バッグからノートを取り出し、「営業とは何か」から考えはじめました。いろいろな答えを自分なりに書き出しました。何ページにも渡って殴り書きをして、私なりの答えを探しました。そして、「写真好きの読者に、しっくりくるカメラとの出逢いを雑誌の中で取り持つ」という答えを導き出してからの営業は、ガラッと変わりました。

この答えを軸に、もう一度、営業という仕事で何をする必要があるのかを考えました。カメラに関連しそうな業種、メーカーのリストアップからはじめて、次に、営業をどんな手順で行なったらベストかを書き出してみました。

今思うと、参考になるビジネス書はたくさんあります。営業とはどんな仕事なのか、営業成績をあげるためには何をしたらいいのか。もし本を読んでいたなら、もっと早く解決できたことは、山ほどあったのかもしれません。

ところが当時は、本から知識を得るという発想はまったくありませんでした。現場でたくさんの失敗、ダメな経験をしていたので、それを活かせる答えを導き出すことに必死でした。もう処分しましたが、当時のノートには、誰でもわかる手順から書きはじめました。


電話をかける↓担当者との面談日を決める↓ヒアリングORオリエンテーションをする↓企画プレゼンをする↓広告出稿を促す（※年間契約、もしくは複数回契約がいい！）↓広告出稿が決まる↓雑誌が出る、新しい情報が出るたびごとに会いに行く

といった具合に、当たり前のことを一つひとつ書いていきました。

すると、電話をかけるのは苦手。担当者を目の前にして話すのは好き。必要な情報を厳選した資料に作り直す。資料の作り直しのときに、デザインで勉強したことを活かしてみる。自分の雑誌のことは、魅力いっぱいに伝えられる。料金面を伝えるのが少し苦手、などの気付きを得ることができました。

ひとくくりに「営業」という仕事が嫌いだと思っていた中から、苦手なこと、好きなこと、クリエイティブなことといったさまざまな面が見えてきたのです。

そこで、すべての仕事に対して、この作業を行ないました。すると、どの仕事にも、好き、嫌い、得意、苦手、クリエイティブな要素が含まれていることに気がつきました。たとえば、経理などのクリエイティブな要素が少ない仕事は、短時間で正確な入力を行なうことなどを目標に、仕事への取り組み方をクリエイティブにする試みをしていきました。

嫌いなことは、無理に洗練させようとか、好きになろうと思う必要はありません。どちらかと言えば、早く終わらせて、好きな仕事、得意な仕事に時間をかけようと考えました。その結果として、嫌いなことも精度が上がっていきました。

嫌いな仕事、苦手な仕事に、好きが見出せる発想転換法

好きなことをしている人の脳は、活性化していると言われます。

「好き」「嫌い」という感情は、脳の中で即座に認識されて、何かを判断したり、行動に結び付けたりするときの基準になると言われます。私たちが、「好き、嫌い」を感じるとき、脳の中では、「好き」と感じるものはすぐに受け入れて、「嫌い」と感じるものは避けようとします。ですから、毎日好きなものに囲まれながら暮らしていると、脳の働きも活発になるのです。好きな洋服を着たり、好きな人と過ごしたり、趣味を楽しんだりすることは、とて

も大切なことなのです。

さらには、好きなことを仕事にすると、自ずと好きなことに費す時間が長くなるため、よりいっそう、脳が活性化されると言います。好きなことに没頭する、好きだと感じていられることは、思考や記憶という脳の働きに好影響を与えるとした、専門家の説もあります。

仮に、あなたが今の仕事について、嫌いだと思っていたり、苦手意識を持ちながら取り組んでいるとしたら、あなたは仕事をしながら、毎日、自分自身をつらい状況に追い込んでいるということになります。脳は、嫌いなことを避けたいのです。

となると、マイナスな気持ちのスパイラルの中、頑張って頑張って、ご自身を奮い立たせなくてはならなくなります。「嫌いなことを好きになれ」とは言いませんが、できるだけ嫌いという気持ちが毎日の生活の中から減るように、ひと工夫したいものです。

ひとくくりに仕事が嫌いと言っても、あなたが今取り組んでいる仕事の隅から隅まで、はじめから終わりまでの行程すべてが好きになれなかったり、苦手なのでしょうか？

本当は企画部を希望していたけれど、実際は営業部に配属されてしまった。あるいは、たくさんの人に出逢いたくて外回りの仕事を希望したけれど、経理課に配属されたなど、どんな会社でも、自分の希望とは異なる人事異動や配属というのは、起こり得ることです。

私は、学生と接することを希望して大学事務職員になったものの、いざ配属されてみたら、学園長、理事長、教授陣との接点しかない総務部でした。

さらには、転職した雑誌編集部では、写真を撮ったり、デザインしたり、クリエイティブな仕事に勤しめるんだ、と希望や期待に満ち溢れていました。ところが、実際は、クリエイティブな仕事以外の書店営業、広告の新規開拓営業、広告企画編集、総務経理、社長秘書などです。そのどれをとっても〝クリエイティブ〟とは、ほど遠い仕事ばかりでした。

最初は、他のスタッフや同期がうらやましくて仕方がありませんでした。好きな仕事、あるいは希望のクリエイティブ職について、先輩たちからいろいろなことを聞いたり、教わったりしながら仕事をしています。「取材に行ってきまーす!」なんて、笑顔で楽しそうに言われると、無意識に嫌な顔をしていたのではないかと思います。

慣れない職場で、慣れない仕事を兼務し、仕事の相談ができる先輩もいない。未経験で営業担当も行ない、月の広告費の目標額を稼がなければならない。社内では「必要ない、使えない」と先輩に言われ、営業に出かけても「うちには必要ない」と断られてばかり。転職から3ヶ月経った頃には、担当の営業がうまくいかず、大好きだった雑誌にいささか嫌気を感じはじめる日々を過ごしていました。正直、この雑誌を嫌いになりはしないかと心配でたまりませんでした。すべてに対して、全力投球でした。けれど、いっこうに成果が現われません。そんなある日の書店営業の後、途方に暮れながら、ノートに自分の仕事を書き出してみました。

誰の仕事でも言えることですが、ひと口に○○業務担当と言っても、仕事を細分化してみると、いくつもの行程があります。私の場合、兼務する業務が11種類と多岐に渡っていたため、すべての業務を細分化していくと、こまごまとした行程があります。

業務をすべて書き出し、その後、それぞれの行程についても書き出していきました。すると、面白いことが見えてきました。私の仕事は、営業を中心とした業務でしたが、この書き出し作業を行なったことで、仕事が楽しくなるきっかけを、自分で見出すことができたのです。

たとえば、営業をある観点からだけ見ていると、月額目標の売上ノルマがあり、断られてばかりのつらい仕事に見えます。ところが、違った角度から見ると、クリエイティブな仕事だと気がつきました。私の場合は、雑誌に広告を掲載してもらうための営業をしていました。営業の行程を細分化してみると、雑誌編集の行程と共通する点がいくつもありました。ですから、売上げだけを見るのではなく、クリエイティブな仕事だという視点を持つことで、営業の仕方も変わりました。

今、行なっているあなたの仕事が、嫌いなこと、苦手な仕事にしか感じられない。あるいは、仕事だから「やらなければならない」と考えているなら、一定方向からしか仕事が見えていないのかもしれません。

一度、ご自身の仕事の行程を書き出してみてください。本来やりたい仕事と、今の業務の共通点があぶり出されてきます。異なる仕事に共通する観点を見出して、仕事に取り組んでみてください。すると、目の前にある〝やるべき〟仕事が、〝やりたい〟仕事に変わっていきます。業務すべてが変わるわけではありませんが、やりたい仕事として懸命に取り組める要素が生まれます。

まったく異なる職歴、経歴であったとしても、希望の仕事との共通点を見出して、それを見据えた経験として取り組めるようになります。

ある程度の期間、懸命に仕事をまっとうしたら、希望の仕事への人事異動を上司に相談する。もしくは、希望の職種への転職などをイメージしてみてください。今の仕事での経験が、次の仕事と本質的に共通するものとして、あなたの言葉で語り、伝えることができれば、まったく異なる経歴からの転職であっても、その志望動機に可能性と説得力が生まれます。

会社という組織に属している場合、自分の意志とは異なる異動もあります。想定していない仕事を担当することもあります。そうしたときに、与えられた仕事だから「やらなければならない」という気持ちで取り組むのと、やりたい仕事として取り組むのとでは、プロセスと成果に歴然とした違いが出てきます。その違いは、会社の業績としてというよりも、あなた個人のあり方に影響します。

仮に、本来やりたい仕事でなかったとしても、仕事全般とはいかなくても、仕事の行程のどこかにやりがいを見出すことで、日々の過ごし方や意識に充実感が生まれます。意識の変化は、次のステージへ進むための準備となります。

苦手な仕事の中から「得意」を見つける

「嫌い」だと感じてしまう仕事は、細分化して鳥瞰することで、ひとくくりに「嫌い」なわけではないことに気づきます。「嫌い」と感じていた仕事の中にも、好き、得意といった要素が含まれていることがあります。

「苦手」と「嫌い」では、少し異なってきます。「苦手」＝「嫌い」というわけではないのです。苦手だけど好きなこともあれば、苦手だし嫌いなこともあります。さらには、苦手だから嫌いだと思い込んでいることもあります。

苦手なことを観察してみると、〝こうでなければ〟とか、〝○○でなければならない〟といった思い込みの影響を受けている場合があります。その〝○○でなければならない〟という型にはまっていないから、「苦手」とか、「ダメ」だと思っている場合があります。

けれども、よく見てみると、他のやり方を選択することでうまくいく、きちんとできるようになればというケースもあります。私は、書類の整理が苦手だと認識していました。あるとき、書類を整理するために、一念発起してファイリングを決意しました。一念発起する必要があるほど、苦手意識を抱えていたのです。

シンプルで統一感のあるファイルをごっそり買ってきてインデックスを付け、ファイリングしました。そのファイルは、デスクの上の正面に立てておきました。見た目もスッキリし、これで整理ができたと満足しました。

ところが、いざ仕事をはじめると、進行中の書類がどこにあるのかがわかりません。プロジェクト別にファイリングしたにもかかわらず、書類を探してばかりでした。こうしたことが何度も起こり、今までより業務進行上、非効率的になりました。きれいにファイリングした状態に慣れれば変わるだろうと、習慣になるまで気長に待ちましたが、何週間も同じことを繰り返す始末でした。

そこで、最初のまとめ方に戻しました。プロジェクトごとに、クリアフォルダに書類を挟む。色とプロジェクトを一致させて覚えられないので、色別にはせず、すべてのフォルダを透明で統一。シンプルなインデックスを右上端に貼付。幅厚になりますが、何か変更が起きたり、順番や手順が変わったときに、書類の入れ替えもスピーディーにできました。進行中の書類は机の左側に積み重ねる。左側を見ると、同じ位置にインデックスが並び、必要なフォルダを引き抜き、仕事をして元の場所に戻すことができます。

私の書類管理は、もともと機能的でした。机に座った自分を中心に配置を決めたからです。左側が進行中、右側が完全に終了。正面は、必要な情報をまとめたファイル。

左側には、積み上げたクリアファイルのインデックスがタテに並ぶため、作業をしながら目線だけを動かせば、プロジェクト名が一覧で見られます。必要なフォルダを取り出し、作業をして、終わったら元の場所へ戻す。完全に終了したプロジェクトの書類は、右側のボックスへ移動する。プロジェクトが終わっても、情報を調べる必要のあるものは、ファイリングして正面に立てておきます。

些細なことですが、私は感覚派のタイプなので、感覚的な使いやすさを自然と考慮して、配置を含めて導線を考えた書類整理をしていました。

私の場合、一般的なファイルで整理整頓ができないということで、「整理整頓＝苦手」という意識が拭えずにいました。ここでいう整理整頓というのは、あくまで、私が「整理整頓はこうあらねばならない」と決めていただけであって、配置と流れを考えた自分なりの整頓ができていて仕事が捗るなら、何ら問題はなかったのです。

書類の積み上げが、他の人から見たら整頓されていないように見えるのであれば、自分だけが見えるように、目隠しのボックスを整理棚として用意すればいいのです。

業務の中のほんの小さな「整理整頓」の話を事例にお話ししましたが、自分が固定観念を持ってしまっているために、苦手と思っていることはたくさんあります。

社内環境という観点から見たら、デスク環境をきれいに整えるということも、同じ職場で働く人への配慮です。しかし、デスク環境を整えたとしても、使いにくくて仕事がおぼつかないのでは意味がありません。

私が実践していた書類の配置は機能的です。デスク上で左から右へ時系列で仕事が流れ、行程ごとに整頓された状態を作っていたのです。このことに気づいたとき、「苦手」だと思っていた〝整理整頓〟が、実は「得意」なのかもしれない、と思えました。

あなたも、「苦手」なことを、もう一度見つめ直してみてください。苦手に見えるのは、自分自身の中にある固定観念で「〇〇はこういうものだ」と決めつけているケースが多いのです。つまり、苦手なことを苦手だと思い込んでいる状態は、「見えるものを見ていない」状態と同じです。身の回りに起こる出来事を何となく見過ごし、チャンスとなるきっかけを逃してしまうことも出てきてしまいます。

たとえば、「ペンギンは空を飛べない」とされていますが、ある動物園では頭上に水槽を作ってそこをペンギンが泳げるようにしました。頭上の水槽を人が見上げると「ペンギンが空を飛ぶ」ように見える、そんな状況を作りました。そのことが話題となって、好評を博すという出来事が起こりました。「できない、苦手」と決めているのは、あなた以外にいないのです。目の前の仕事で「苦手」だと思っていることは何でしょうか？　それが「もっとも得意なこと」だとしたら、どんなやり方や方法があるのでしょう？

あなたの苦手なことは、ペンギンが空を飛ぶように、ものの見方ひとつで得意なことに変えることもできるのです。

「好き」と「得意」を伸ばすと、仕事力が上がる

「嫌い」な仕事の中にも、細分化すれば「好き」な要素は見つかります。「苦手」だと決めつけていたことを鳥瞰すると、〃○○しなければならない〃といった固定観念を自分で作っていたことに気がつきます。視点を変えたら、前項の〃整理整頓〃のエピソードのように、実は苦手なのではなく、むしろ得意なことさえ見つかることがあります。

とすると、「嫌い」な仕事の中にある「好き」の要素。苦手だと思っていただけのこと。さらには、「好き」な仕事と「得意」な仕事。これらを組み合わせたら、今日までやってきた仕事の見方や取り組み方が、ガラッと変わる可能性があります。

あなたは、今関わっている仕事の中で、好きなこと、得意なことは何でしょうか。どちら

も、気付くと夢中になっていて、意識的に好き、得意と考えたことがないかもしれません。好き、得意と思える仕事は、無意識に進めても、スムーズに進行できる方がほとんどです。

だからこそ一度、自分がどのような手順で行なっているのか、どんな心持ちで「好き」、「得意」なことに向き合っているのか、それらがうまくいっていると感じるのはどんなときか、などを意識的に確認してみてください。ノートに書き出すのが、おすすめです。ノートへ書くことがたびたび出てきます。「書く」ことは「考えを整理する」一番簡単な方法だからです。仕事以外でも、「好き」、「得意」な趣味、特技、遊びについても、同様に書き出してみます。すると、あなたの中にある法則性、しくみ、フレームが、おぼろげながら浮び上がってきます。案外、それらは仕事以外から見つけるほうが多いかもしれません。

あなたの中にある法則性、仕組み、フレームというものは、すべてあなたの体験から生まれます。世の中には、役立つスキル、テクニックが数多く存在していますが、それを知識として得るだけでは役に立ちにくいものです。

体験をベースにして、役立つスキルやテクニックを活用していくことができます。スキルやテクニックにあなたの体験をプラスすることで、あなたの法則、仕組み、フレームが洗練されていきます。

あなたが何かを体験するときには、五感が働いています。「視覚」「聴覚」「触覚」「味覚」

「嗅覚」と言われるもので、五感は、私たちが何か、あるいは誰かと関わりを持つときに使う代表的な感覚機能です。

ほとんどの職業で活用する代表的な五感は、「視覚」「聴覚」「触覚」となり、五感のうち、3つの感覚を中心に働かせています。

あなたが体験したことは、あなたの中に残っていく成果です。体験はただ残っていくだけでなく、気持ちと行動にもたらす影響が大きいものです。ひとつの深い体験、些細なことのように思えるたくさんの体験。どちらの体験も大切です。

体験から、**「好き」、「得意」でうまくいった記憶を意識的に振り返ってみるのは、「すでにできたこと」の確認となります**。すでにできたことには、必ず、うまくいった理由がります。その理由をしっかり見つめると、あなたらしい五感の働かせ方が見えてきたり、感じられたり、ときには語りかけてきます。この五感の働かせ方を受け止めることが大切です。

あなたのうまくいく法則性、仕組み、フレームに欠かせないのは、**あなたが「うまくいく」と思える実感**です。この実感は、五感で味わったことの蓄積による、あなたなりの「絶対感覚」とも言えるものです。一般的に役立つスキルやテクニックは「相対感覚」として、多くの人が活用しやすいものです。あなたが五感を通して味わった体験の蓄積である「絶対感覚」を、一般的なスキルやテクニックが支え、深めてくれます。それにより、研ぎ澄まされた仕事力が養われます。

たいていの人は、うまくいっているときは、さらに成果を上げたいからこそ、次へ次へと進んでいきます。振り返るより前に進めと、イケイケドンドンといった状態になることが多いのです。そして、失敗をすると「何でうまくいかないんだ」と失敗した理由を探しはじます。失敗した体験は多くの気付き、発展的な考えをもたらしてくれますが、失敗した理由の堂々巡りは、次に活かすことができません。

失敗から学ぶことはたくさんあります。しかし、**成功、あるいはうまくいったプロセスから気付くこともたくさんある**。この考え方は、スポーツ選手時代に自然と身について、習慣となりました。この考え方が、私に2つの視点を授けてくれました。

ひとつは、失敗したことから次につながる課題点を探すこと。これは、幼少期から多くの方がやっていることです。転ばないように歩くこと、自転車に上手に乗れるようになること。こうしたことは、失敗から成果へつなげた行動で、幼少期の学びの基本です。

もうひとつは、成功したことから、より成功を導き出すための発展できる点を探すこと。よい状態のときこそ、振り返りが必要、かつ大切です。失敗して悔やむよりも、**うまくいったことを思い出して、「うまくいった理由」を振り返りながら、頭の中で再現していくことのほうが重要**です。成功体験をよいイメージで記憶するための時間とも言えます。

うまくいった後の再現も、イメージトレーニングのひとつだと認識してきました。自分の中で納得して、腑に落ちるまで何度も再現していきます。すると、うまくいくときはどんな状態かということを記憶として蓄積できるのです。

ノートに書き留めると、さらに効果的です。どうしてうまくいったのか、さらにうまくいくには、どんなことが考えられるか。もちろん、9章の『四次元ノート』に書いています。頭の中で再現したことを言葉に落とし込んで、ノートに書くことによって、より**〝具体化＋意識化〟**されます。

今の仕事と、やりたい仕事の共通点を見つける

今、あなたが担当している仕事は、あなたの希望どおりの職種や、内容でしょうか。希望どおりの方は、そのまま前向きに取り組んでください。この項は読まなくてもけっこうです。そもそも、今やっている仕事は、やりたいこととかけ離れている、という人がいたら、「めげないで！」とエールを贈りたいのです。

私は、社会人になって以来、やりたいこととの外郭の部門担当になることがほとんどでした。最初に入社した学校法人でも、総務部配属。私は教育学科卒業だったため、学校法人へ

の就職を決め、学生と関わることができる学生課、教務課、就職課といった部門への配属を期待していたのです。ところが、ふたを開けてみると総務部。学園長、理事長、教授陣などの対応が仕事の90％を占めていました。

その後、転職した雑誌編集部でも、誌面デザインと写真撮影を希望していましたが、実際はデザイン、撮影以外のほぼすべての業務が担当でした。今でこそ、写真撮影を生業としていますが、当時の私にはセンスのかけらもありませんでした。だから、入社前に撮影担当はないというニュアンスのことを伝えられて、ある程度は納得していました。

ところが、実際に入ってみたら、営業を中心とした業務を複数兼務し、撮影ができないどころか、デザインにもまったく関わることができませんでした。

しかし、組織に入って配属が決まった以上、まずはその仕事を受け入れる必要があります。その仕事を、一所懸命やって結果が出たら、異動の希望を出すと決めていました。

営業という仕事がわからなかったので、当初は、企画書のフォーマットを社長からもらいました。その書式に沿って企画書を作成し、営業に出かけていました。来る日も来る日も、営業で失敗を重ね続けていました。

そんな私を見かねて、社長が同行してくれました。社長はプレゼンがうまく、写真家でもあるので、〝私が写真を撮りますよ〟と顧客に伝えると、広告企画記事が即決しました。

私はというと、プレゼンが下手なうえに、雑誌編集部の一社員にすぎません。同じ企画書で話していても、企画がとおるのは簡単なことではありませんでした。

そんな中、営業で、ようやく小さな成果が出はじめた頃、営業先の担当者の男性から、「いつも、企画書はこんなふうにシンプルなの？」と聞かれました。さらにその方は、「写真雑誌だから、写真を使った企画書がいいよ」とアドバイスをしてくださいました。

それからというもの、私の拙いプレゼンをフォローできるように、企画書の内容とデザインを変えました。プレゼンが下手でも、企画書を先方にお渡しして一読してもらえれば、内容がわかるような資料を目指し、写真を織り交ぜた企画書に体裁を変えていきました。

そして、企画書に写真を増やし、読みやすい、わかりやすい仕上がりを目指しました。

気がつくと、「デザイン」に似たことをしていました。私が編集部に入ってやりたかったことは、誌面デザインです。実際に、誌面をデザインしたことは一度しかありませんが、企画提案先にわかりやすいように、企画書には広告記事ページのラフデザインを載せるなどしていました。ときには、手書きのラフスケッチを付けるなど、デザイナーのような一面をのぞかせながらの営業でした。このスタイルになった頃には、カメラ以外のメーカーへのアプローチもできるようになり、広告も安定して入るようになりました。

就職をすると、会社が配属先を決めます。それにしたがって、私たちは仕事を進めていきます。希望どおり、期待どおりの就職、配属にならなかったとしても、まずは一所懸命取り組んでみてください。

今いる場所から少しでも動くと、見えるものが変わってきます。**現在、一所懸命やっている与えられた仕事の中に、自分がやりたい仕事との共通点を探してみるのです。**

私は、広告記事企画、新規開拓、書店営業という仕事で、プレゼンや説明資料が必要でした。その書類に、デザイン性を加味しました。自分のスケジュールに加えて、社長のスケジュールやプロジェクトの進捗状況を把握する必要があったため、スケジュールと日報が書ける書類を自作でデザインしました。総務担当としては、ファックスの送り状が簡素だったので、必要な情報を書きやすくまとめ、デザインし直しました。

こうして、現状の仕事とやりたい仕事との共通点を探して、デザインを手がけたい思いをひっそりと仕事に反映させていきました。すると、仕事に張り合いが出てきました。

仕事の醍醐味のひとつは「ひと工夫」です。先輩、同僚から引き継いだ仕事には、生産ラインの工程マニュアルなどのように、絶対に変えられないものもあります。

その一方で、「今より、さらにやりやすい方法」を探って工夫することで、成果が上がるのであれば、会社はそれを止めることはありません。言われたから、引き継ぎをしたから、そのやり方をただやるということでは進歩が見られません。

プロセスを楽しみながら仕事の成果を上げるには？　今の仕事に、やりたい仕事の要素を取り入れながら成果を上げるには？　と考え、ひと工夫して仕事をする。そんな発想は、仕事以外にも役に立ちます。

こうした「工夫」や「発想」は、仕事を淡々とこなしているだけでは生まれてきません。仕事とは、かけ離れた遊びの中から、アイデアが生まれてくることもあります。

そのためにも、「好き」なことや「得意」なことは、仕事でも遊びでも、積極的に時間を作って取り組んでください。気づいたら夢中になって時間を忘れることの中には、たくさんのうまくいくヒントが隠れています。

視点が変わると、やり方も変わる

たとえば、学校を卒業したら、就職しなければならない。また、友人や同僚に対して、感情的な言動は慎むべきである。このように、「○○しなければならない」「○○するべきである」といった考え方ほど、「本当にそうなのか」と、もう一度考えてみる必要があります。

学校を卒業したら、就職しなければならないと決めたのは誰でしょう。

私も大学卒業時、当たり前のように就職活動をはじめました。バブル崩壊後の就職氷河期でした。適性、適職検査を受けたり、自己分析、研究をしましたが、何がやりたいのかという結論が出ることもなく、特別にやりたい仕事は見つかりませんでした。

大学で教育学を学んでいたこともあり、教育機関への就職はどうだろうか。卒業するので経済的な自立をする必要がある。こうした2つの観点から、3社の就職試験を受け、2社から内定をいただいて、そのまま教育機関への就職を決めました。

周りを見渡してみたら、学生時代に起業して学生社長となり、卒業したらそのまま社長となった人もいます。また、家業を継ぐことが決まっていたため、大学卒業後の3年間を最後の学びのチャンスと捉えて海外留学した人もいました。就職をしなければ、と頑なだったのは、意外にも私くらいでした。

最近のことですが、学生時代のサークルの仲間で同窓会をする機会がありました。当時の仲間たちの職業や立場はさまざまです。映画配給会社、商社、銀行、学校教員、航空会社の地上職、専業主婦、新聞記者、雑誌編集者、フリーのフォトグラファー。社会人になり、いろいろなことをしていても、共通の話題は、同じ大学ということだから、学生時代の話をするのが自然な流れではあります。

このようなとき、共通の視点である〝大学時代〟にだけ目を向けていたとするなら、あの頃の○○さん、○○くんという見方しかできません。けれども、「今をどう過ごしているか」

というふうに視点を変えられたなら、目の前の人が懐かしい誰かであっても、何らかの経験によって、別人のような成長を遂げていることを見つけることができます。こうした視点の違いは、自分自身の仕事への関わり方も変えてくれます。

私は大学事務職員時代、ずいぶんのんびりと仕事をしていました。入試の時期以外の残業はなく、上司から言われた仕事だけをやっていればよかったからです。自分の担当の仕事が早く終わって、上司に「お手伝いすることはありませんか」とたずねると、「電話に出てくれれば大丈夫。のんびりやりなさい」と言われ、やる気があっても仕事が回って来ない状況もありました。ですから、仕事は常に定時に終え、終業後や休日の趣味に情熱のすべてを注いでいる状態だったし、周りからもそう見られていました。

雑誌編集部へ転職するとき、社長から「私の右腕として会社全体を見渡して、仕事を回せるようになって欲しい」と言われました。ですから、入社当初から〝経営者のようなつもり〟で、意識だけは高く持っていました。会社全体のことを、早く把握する必要がある。また、会社全体を見渡して動かしていくのであれば、自分の会社だと思って関わっていったほうがいい。そんな気概を持って、1日1日を過ごしていました。

半年も経つ頃には、同期入社のスタッフに比べると会社のことを理解し、10年選手のベテランスタッフと同じくらいになっていました。何を聞かれても、たいていのことには、答えられるようになっていました。その結果、たくさんの仕事を自分で考えて動かせるようになりました。気が休まらないこともたまにはありましたが、のんびり仕事をしていた事務の頃より、やりがいも、張り合いも感じることができました。

社長は撮影の仕事で全国を飛び回ることもあったので、困ったときは、会社に置いてあった経営指南書のような本を読み、会社という組織を、そして組織にいるスタッフをどうやって動かしていったらいいのだろう、と真剣に考える毎日に変化しました。

大学事務の頃の私と転職後の私とでは、まるで別人のようでした。

さらには、現在の私の周りにいる人を見てみると、起業家、フリーランスといった、会社員ではない人が8割以上です。自分のものの見方、考え方、行動ひとつで、まるっきり違う環境となることを実感しています。

学生時代に就職活動をはじめ、卒業後は企業に就職するという人が大半です。多くの人が選ぶということによって、就職することが当たり前になっています。学校を卒業する頃の私にとっても、就職が一般的でした。そうなのです。学校を卒業したら、就職しなければならないと決めたのは、他の誰でもないあなた自身なのです。当時の私にとっても、「就職＝しなければならないもの」でした。

しかし、本来のあなたは、選択することができます。社長にだってなれます。家業は、それを営む家に生まれる必要がありますが、職人の技に惚れ込み、弟子入りをして、家業のように職人技を伝承するという選択もできます。転職を繰り返して組織の中の問題を実際に経験してコンサルタントになった人。社員から雇われ社長までを体験して、エグゼクティブコンサルタントになった人もいます。実家が自営業で、幼い頃から両親がたいへんそうに見えたため、家業を継がずにサラリーマンになったという人もいます。

同じことでも、何かをきっかけに視点が変わると、ものの見方や捉え方がガラリと変わります。考え方、やり方そのものが、すっかり変わることがあります。前述の就職というものの見方も、そのひとつです。

会社に属していれば、上司やプロジェクトメンバーが変わったり、自分が担当する仕事が変わることで、仕事のやり方や進め方が、ガラッと変わることもあります。

自分の人生を大きな流れとして考えたとき、**自分で決められることについては『自ら選択する』という意識を持って、目の前のことを選択したい**ものです。

それは、自らが意志を持って選択し、視点を変える工夫をするだけで、今やっていることが、まったく違うことのように変わることさえ起こり得るからです。

視点を変える一番簡単な方法は、もしあの人だったら、どんなふうに進めるだろうと、自分ではない誰かになったつもりで考えてみることです。

8章

“できる”を実感するまで続けてみる（継続性）

当たり前にできることのやり方を変えてみる

「当たり前にできることのやり方を変えてみる」と、口でいうのは簡単です。

ところが、そもそも当たり前にできていることを、人は意識していません。だからこそ、当たり前にできていることを、まずは意識することからはじめてみましょう。家族や同僚、友人、両親、近所で遊ぶ子どもたちなど、いろいろな人を観察していると、誰かは当たり前にできていることが、自分にとっては不得手なこと、逆に、誰かには難しそうに思えても、自分は、とりわけ苦労せずにできることなどがあります。

たとえば、私は幼い頃から字を書くのが好きでした。幼稚園で頂いた賞状に書いてあった自分の名前に興味を持ったことがきっかけです。幼稚園の頃は、すべての持ち物に、ひらがなで名前が書かれていました。そんな中、賞状には〝善福克枝〟という漢字がありました。自分の名前だと教えてもらって以来、毎日のように練習をしていました。

小学校に入学したら、字を書くのが好きで、勉強するようになりました。そのとき、ひとつ問題だったのは、きれいな字が書けなかったこと。それからというもの、小学生から社会人になるまでの間、ずっと意識することなく行なっていたのは、「きれいな字への研究」です。研究と言っても、きれいな字を書く人を見つけては、その字を真似をすることを繰り返していました。〝どういう字がきれいに見えるか〟、〝どうしたら、きれいな字が書けるようになるか〟を考えることは、私の習慣となっていました。

研究が習慣になっていただけあって、社会人になったばかりの頃、きれいな字が書けるようになる独自の法則と練習法を見つけました。きれいな字を練習する意味もあって、出逢った人に手紙を書くようになりました。この手紙こそが、後にすばらしい出逢いの数々をもたらしてくれる、最良の味方となっていったのです。

私は、書家や字の専門家ではありません。独自の法則と練習方法で字を書くことを楽しんできただけです。ただただ、字を書くのが好きで、当たり前にやっていた「きれいな字を書く研究」のひとつのカタチとして、〝出逢いをもたらす手紙〟につながっていったのです。

最近では、仕事の取引をさせていただいている方へ事務的な請求書、納品書などをお送りする際、自分で撮った写真のポストカードに、ひと言手書きメッセージを添えて、送付状の代わりにすることもあります。すると、事務的なやりとりの中に、ほんの少しぬくもりが伝わるような気がしています。

あなたにとっての「当たり前すぎること」というのは、どんなことでしょうか？

仕事に関連しているか、ご縁がつながっていくか、といったことは後回しです。

まずは、毎日の生活を振り返ってみましょう。それから、誰かに「よくやるよね」「よく続くね」などと声をかけられた経験や出来事なども思い返してみてください。

私の友人に、〝おうちごはんプロデューサー〟という仕事をしている桃世真弓という女性がいます。毎日、健康的でおいしい食事を家族に食べさせてあげたい、というシンプルながらも深い思いを持っているチャーミングな女性です。彼女は元々、パティシエをしていたので、実はプロとしての技も持ち合わせています。一般的な主婦の方と比べたら、食事の準備の手際も手間もプロレベルです。そうは言っても、家事や子育てには「これでいい」という区切りや終わりがありません。とくに、家族の食事は毎日毎食のことです。

彼女は、あるとき気が付いたそうです。プロの技を巧みに使うこともできるけれど、毎日毎食の食事となると、手間ひまをじっくりかけてばかりはいられない。子育てをしていると、突発的なことも多く、手に入りにくい食材や器具を使う料理は作らなくなる。

そこで、おうちで食べる食事をできるだけおいしく、そして、特別な器具を使わなくてもおいしくなる作り方を研究しはじめたのです。

家族の食事を作る主婦としての顔だけではなく、プロの手間ひま、技を知る彼女だからこそ、特別な器具を使わない、時間や労力を上手に短縮し、手頃な食材を活用するなどの工夫を凝らすことができました。〝何度も食べたくなる〟、〝毎日でも作りたくなる〟の両方を実現できる「おうちごはんの作り方」を考案して教えるようになり、今に至っています。

プロの腕前も、家族の食事を作ることも、ただただ当たり前のことだと思っていたら、彼女は何も変わらない毎日を過ごしていたことでしょう。そして、自分にぴったり合った、すばらしい仕事のスタイルを築くことはできなかったかもしれません。彼女の場合、プロが当たり前にできることのやり方を変えてみたことによって、「毎日の食事の、おいしくて作りやすい方法」を伝える、〝おうちごはんプロデューサー〟となったのです。

当たり前からはじまることには、好きなこと、得意なことが多分に含まれています。また、自分にはできて、他の誰かにはできないこともあります。〝当たり前〟を自分の中から取り出して、やり方を少し変えてみると、他の人にもできるやり方を見出せることがあります。本来の「仕事」というのは、こうした工夫の積み重ねなのです。

〝できるかもしれない〟の足し算が〝できる〟になる

私は、周りの人から「よくやるよね」「まだ、カメラやってたんだ」「本の夢、諦めてなかったんだ」「まだ、清原選手のこと好きなの」などと、長く続けていることについて、〝よく～〟、〝まだ～〟、〝諦めてなかったんだ〟の三拍子を言われることがあります。

清原和博さんは、私の人生の大きなターニングポイントに関わった人です。関わったと言っても、私が勝手に応援させていただいているだけです。

それでも、感謝の言葉を直接伝えたい、お礼の言葉をたくさん伝えたい人です。そういう人をずっと好きでい続けることは、当たり前のことだと思っています。

この〝よくやる〟、〝まだやってる〟、〝諦めてないんだ〟ということを言う方の中には、最終的に「好きなことは、仕事にするより趣味でやっていたほうがいいよね」「もっと、現実的な生き方をしなよ」と、忠告してくれる人もいます。

好きなことは、仕事よりも趣味でやっていたほうがいいと断言する方の中に、好きなことを仕事にした経験のある方は、残念ながらいらっしゃいません。

「もっと現実的な生き方をしなよ」と言ってくれる人が、何かを諦めたことも現実ですが、夢を実現する生き方もまた、現実的な生き方なのです。どちらの現実を見て生きているか、というだけの違いです。

現実的に生きることを忠告をしてくださる方は、私のことを心配してくれています。一方で、「本当にできるの?」と疑いながら、気にかけてくれています。

夢を実現し続ける人生を歩めるのか半信半疑でありながら、どこか期待したいという願望の現われと捉えることもできます。こうした方の多くは、好きなことへの興味、関心は高いけれど、自分に「自信がない」「心配や不安がある」という場合が多いのです。

だからこそ、私としては、楽しみながら夢を実現し続けている姿を示していくことで、誰かの行動のきっかけが生まれたらいいなあ」と考えています。自信がない方々が「私にもできることがあるかなあ」と考えるきっかけに、この本がなれたらいいと思います。

それは、私自身が何もない状態から、夢を追い続ける人の姿を通して夢を持ち、育み、実現する行動のきっかけを頂いたから。夢を実現する行動がリレーのように続いたら、何よりもうれしいからです。

好きなことは、好きだから当たり前に続けられます。「よくやるよね」と言われることは、たいてい大好きなことです。たとえば私が、今からアイドルになるのは無理がありますが、好きでやりたいと思ったことを続けるのか諦めるのかは、自分しだいです。

けれども、好きなことだからこそ、仕事にした後に失敗したらどうしようと、心配や不安がついて回ります。無理もありません。言い換えると、好きなことを大切にしているがゆえの心配なのです。

好きなことが大切だからこそ、心配や不安が先にたつ人は、いきなり急ハンドルを切る必要はありません。**現実的だと思える仕事を続けながら、今やりたいことや好きなことについて、“できるかもしれない”と思える範囲の中で、できる行動からはじめてみましょう。**

むしろ、「自分がすすんではじめたことを、なぜすぐにやめてしまうのか」を考えると、答えは3つしかないと思っています。ひとつ目は、人からほめられた経験のあることをやっていた。2つ目は、やりたくないことだった。3つ目は、結果をすぐに求めるからです。

ともかく、安心してください。結果そのものも、自分で納得のいく成果も、本質的には、すぐには現われませんから。まぐれや奇跡の結果はあると思いますが、未来への投資として、何事も経験か、時間か、労力など、ある程度の積み重ねが必要だからです。

美術商や鑑定士の方は、美術品や骨董品を見たとき、0・2秒ほどで「本物か偽物か」「何だか、ちょっとおかしい」といった違和感を感じるそうです。その後、科学的な調査、検証をすると、たいてい最初の0・2秒の直感は当たっていると言います。

だから、あなたも直感で決めてくださいという話ではありません。こうした判断ができるようになるまでには、たくさんの経験の積み重ねが必要ということです。まがい物も、本物の美術品も、たくさんのものに出逢い、正しい判断、誤った判断など、どちらの経験も数多く積み重ねた結果、美術品や骨董品を見た瞬間に、違和感を感じるような直感が働くようになっていくのです。

何かをはじめたら、ある程度の期間は続けてみる必要があります。失敗も成功も、どちらの経験も、積み重ねていくことが、こうした0・2秒の直感に結び付くとも言えます。

この0・2秒の直感は、〝偶然〟をキャッチする感覚と同じです。ですから、**何かをいったんはじめたら〝できるかもしれない〟という思いが芽生えるまで、あるいは、〝できる〟と実感できるまで、まずは続けてみてください。**

好きなことをしていると、あなたのことを心配して、〝現実的に〟と忠告してくださる方がいます。裏を返せば、忠告してくださる方は、ご自身のことが心配なのです。人は、周囲の人を自分の鏡として見ると言われます。あなたが好きなことをして、失敗しないかが心配であるのと同時に、自分が好きなことをしたとき、失敗しないかどうかが心配なのです。

そんなときは、人がうまくいくか、失敗するかを傍観するよりも、小さな何かを自分でやってみるのです。失敗をせずに、何かを成し遂げる人はいません。失敗はつきものです。誰もが、前提として失敗する、と考えておいてもいいほどです。

私自身も、何かをはじめたら、ある程度の成果、手応え、自分なりの〝できた〟と思える実感を手にするまで、辞めることはほとんどありません。途中、活動をいったん休止することはあっても、再開する場合が多く、〝できた〟と実感できる段階に到達するまで、たいていのことは続けています。その理由は、〝できる〟という実感を味わえるくらいまでは、「好きか、嫌いか」と判断するほどの面白さを知らない場合が多いからです。

そう感じたのは、上司も部下も不在の中、たった1人で〝営業〟を任される経験をしたことが大きかったと言えます。最初は、向いている仕事とは考えられなかったし、何をやってもうまくいきませんでした。おまけに、相談する人もいなかったので、仕事のやり方、あり方に判断基準がありませんでした。「できる、できない」「好きか、嫌いか」という判断基準のどちらも語れるほど、営業の仕事を理解していませんでした。

ですから、ある程度成果が現われ、自分なりの手応えを感じるようになったら、「続けたいのか、そうでないのか」を考えると決めて、続けていました。

誰もが、いきなり〝できる〟という実感を得ることは難しいことです。続けていくうちに、少しずつ小さな成果が現われはじめ、〝できるかもしれない〟という思いが芽生えます。それを少しずつ積み重ねていくことで、自然と〝できるかもしれない〟は、〝できる〟に変わって、他のことにも好影響を与えていくようになります。

あるひとつの〝できるかもしれない〟が〝できる〟となれば、たいていのことに〝できる〟という可能性を見出せるようになります。あなたの〝できるかもしれない〟という手応えを感じることは何ですか?

「できた!」と言ってからはじめる

私は、夢を実現するということに対しては貪欲です。自分の夢に限らず、何かをやりたい人を応援したり、夢について語ったりするとき、ものごとをはっきり言うことが少なくありません。

その一方で、緊張しやすいのです。スポーツのように、自分で何かを成し遂げるということについては貪欲で前向きに邁進しますが、対人関係となると緊張しやすいタイプです。異業種交流会などに参加しても、引っ込み思案で、自分から声をかけられず、何度も名刺を出したり引っ込めたりすることがあります。名刺交換できずに退散することもあります。

あなたは、ご自身の行動を内観することはありますか? また、何か行動を起こすとき、あなただけの特徴的なパターンはありますか?

私の場合は、自分を内観してみると、何かをはじめる前、最初に出てくる感情は〝焦り〟です。心の奥底では大丈夫、できるとわかっているような感覚、確信のようなものがありますが、表層部分で「大丈夫かな」「できるかな」「終わるかな」といった、数々の焦りや心配が顔を出したり、引っ込んだりすることがよくあります。とくに、初めての方がたくさんいる場所では、焦りやすいようです。これは、私が、誰かの目線や評価が気になっていることの現われともとれます。

こうしたパターンは、行動することで見えてきます。ずっと、同じ場所に留まっているときは気が付かないものです。何かしらの行動が積み重なってくることで見えてきます。

すると、自分のメンタルを整える方法も見えてきます。**私の場合は、「できた！」「うまくいった！」「成功した！」と声に出して言ってみるなど、自分へのアファメーション（誓約）が効果的でした。**これは、体操をやっていた幼い頃から続けている「簡単メンタル調整術」です。

私は、試合での失敗確率が低いほうでした。それは、各種目のたびに「絶対成功する」と宣言してから演技をはじめていたからかもしれません。たまに「失敗しない」と宣言してしまって、ものの見事に失敗をしてしまう、といったこともありました。

効果的なアファーメーションは、よりよい状態を過去形で言うことです。「成功した」「うまくいった」「営業成績が上がった」といった具合です。また、声に出すことも大切です。

ですから、「できた！」と声に出してから、仕事をはじめるのは、とても効果的です。

私は、営業先に出かけて、応接室に通されたときに、その日、応接室でどんな話をどんな状態でしたいのかを、アファメーションしていました。

たとえば、「今日は、担当者と意気投合した！」「タイアップの企画が決まった！」といった具合に、アファメーション（誓約・宣言）をしていました。時間がないときは、「ＯＫ！」「ヤッター！」「バッチリ！」といった気持ちが前向きになる言葉を、自分だけに聞こえる声で発しています。

自分への宣言を声に出して、一拍おいてから、担当者の方と話をしていました。アファメーションによって、自分の心のバランスを整えることもできたし、その日の目的がはっきりとわかるようになりました。その日、果たしたい目的が、果たせたかどうかもわかります。

仮に、少しご年配の厳しそうな担当者がいらしたとしても、その日の目的がはっきりしているため、目的に向かって話す、もしくは、聴くという状態を保つことができます。アファメーションは、とくに道具もいらないし、どんなときにも活用できて効果的です。

私は、撮影の前にも、スタジオで機材の準備をした後に、どんな撮影にしたいか、どんな時間にしたいか、どんな場にしたいかなどを宣言しています。

すると、襟を正すような少しの緊張感とほどよいリラックス感の中で撮影を進めることができます。この調整術によって、お客様に気に入っていただくことができて、自分でも納得できる写真を撮ることができるのです。

「できた！」と、宣言してから仕事をはじめる。

簡単なことですが、計り知れないプラスの効果が働きます。不思議と「できた！」と宣言した後は、できないという思いが少なくなり、焦りも減ります。道具もいらないし、どんな仕事にも、どんな状況にも活用できて、今すぐにでもはじめられます。

今回、この本の原稿を書くときも、何度も「できた！」と宣言してから書きはじめました。すると、自然と焦る気持ちが消えていき、落ち着いて原稿を書くことができました。

あなたも何かをはじめるとき、続けるとき、ぜひ、「できた！」「うまくいった！」「こうなった！」と大らかに宣言してみてください。声に出せるときは、できた後やうまくいったことをイメージして、明るい表情、はっきりとした声で宣言するのが、より効果的です。誰にでもできて、今日から試せる、簡単だけど効果的な方法です。

ひとつの行動が、幸せな成果につながると勝手に決めてみる

自分の夢を実現させている人、世の中で成功していると言われる人たちが、凡人と決定的に違うことは、**自分がやっていることに対して、「やれる」「いける」といった確信を持って進んでいる**ということです。100％うまくいく保証でも、自信でもありません。確信を持っているというのが、ポイントです。

100％の保証というのは、世の中には、ほとんど存在しないといっても言い過ぎではなく、それを探すことのほうが困難です。公務員は安定していると言われます。安定はしているかもしれませんが、今では、公務員でも早期退職を募ることもあるので、100％の保証

があるというわけではありません。

夢を実現させている人たちも、１００％保証があるからやってこられた、実現できたわけではありません。ただ、いろいろな方の話を聴いたり、見たり、自分自身で体験したことを踏まえてみると、確信を持っているということが言えます。

自信と確信は、少し違います。私が実感したのは、自信は自分の内側からくるもの、ということであり、確信は自分の外側からくるものという感触があります。

自信には、ある程度の積み重ねが必要です。失敗したり、成功したりといった体験の積み重ねです。体験を通して主体的に学んだり、気付いたりしたことの積み重ねが、自分の中で腑に落ちた瞬間。何もなくても、何があっても、内側から何かが満たされていくような感覚になるのが「自信」です。

確信は、周りの方々や環境、状況から受け取るもの、と言えます。あるアイデアがあって自分の周りの人に話していくうちに、「絶対いい！」と言ってくれる声、「そんなアイデアはまだまだ」と言ってくれる声。賛否両論が湧き立つからこそ、確信が持てるようになります。自分以外の賛同者がいることは、同じ思いを抱えている人が世の中にいるという確信へとつながっていきます。否定する人がいたり、うまくいくはずがないと言われたら、今のアイデアをブラッシュアップできる余地がある。まだまだ改善できる要素がある、という確信へとつながります。

自信は、過去の経験から得た意欲が、出発点にいる自分を湧き立たせるものです。確信は、ゴールを思い描いている感情から引き上げられるもの、とも言えます。

何かを実現させたいと思ったとき、それがうまくいったときに、どんな人が喜んでくれているのか、どんな人の役に立てたのか、自分はどのようにうれしいのか、といった感情がじんわりと溢れ出す状況を思い描いてみます。

今すぐ実現させたい夢がなかったとしても、思い描くという行為は誰にでもできます。〝もし、何もやりたいことのなかった私がやりたいことを見つけて、実現させたとき、喜んでくれる人はどんな人だろう。自分はどのように喜ぶのだろう〟と想像してみるのです。

すると、何かを考える前より、ふと気持ちが軽くなり、前向きになった感覚を実感できます。このときの五感で感じた感覚を大切にしてください。これが確信の第一歩です。

確信を持っている人は、行動につなげるのが得意です。たとえば私の場合、2～3年の間に、湘南エリアにスタジオ兼オフィスを構えます。そのため、物件情報をよく見ています。どのあたりにするか、駐車場はあるか、最寄駅はどこになるのかといった条件とともに、写真を見たり、間取りを見たりしています。

さらに、候補と考えているエリアに実際に足を運び、散歩をしてみます。どんな家が建ち並び、どんな風を感じ、どんな人がどんな暮らしをしているのか、生活音をBGMにするように歩いてみます。

確信を持てない人は、たとえば、物件情報を見ただけで終えてしまいます。確信を持てる人は、小さな行動を起こしてみるのです。実際に、その場所に行くという行動をします。幸せな成果につながると思って行動し、五感を使って、その場の空気感を味わってみます。

車が欲しいと思っている人が、「車が欲しいなあ」と言い続けても、車は手に入りません。まずは、候補の車を絞ります。1台に決める必要はありません。数台あれば、数台分のパンフレットを取り寄せます。さらに、実際に試乗してみます。試乗してみて、乗り心地、性能、色、あらゆる条件を加味して、欲しい車が決まっていきます。

こうやって、はじめて「車が欲しいなあ」から「〇〇を買おう」となっていきます。この過程が、確信を持つ過程と同じです。

夢ややりたいこととなると、もう少し漠然とした要素が多いかもしれません。車だったらわかりやすいのですが、夢ややりたいことを実現させるには、ある程度、周りの方々との関わりが必要だからです。自分で何かを決めても、そのとおりにいくとは限りません。

だからこそ、ひとつの行動が幸せな成果につながると勝手に決めて、楽しみながら行動したほうがいいのです。漠然としたままで何も行動しなければ、ずっと漠然としたままです。

けれども、車の話と同じように、ひとつの行動が、ひとつの成果につながると決めること、行動することによって、確信につながっていきます。

確信は、やりたいことがうまくいったときの感情です。その感情が、今の自分を引き上げてくれます。行動することによって確信が生まれ、行動の繰り返しで、確信も育っていきます。確信を持って行動ができるようになると、周りの人たちからの応援やサポートが増えていき、それが励みになることもあります。

ひと苦労より、ひと工夫を心がける

一時期、足の先から土踏まずあたりまでの小さなスリッパが流行しました。家事をしながら、ダイエットができるというスリッパです。この商品、今はどうなったのだろうと見てみると、さらに進化したタイプが登場してして、バリエーションが増えています。

また一時期、「ながらダイエット」というものが流行しました。テレビを見ながら、本を読みながら、お風呂に入りながら、そして、家事をしながらダイエットができるというものです。とくに、家事は想像以上に動き回るものです。バスルーム、トイレ、各部屋の掃除から洗濯まで、いくら手際がよくても30～40分、部屋数が増えれば、1時間以上もかかります。そんな動き続ける時間に、専用スリッパを履いて、ダイエットまでしてしまおうといった、ひと工夫の極みです。

このひと工夫の話を聴いても、私は、主婦ではないし、家事をしないし、ましてやダイエットはしないからといって、関係ないと思うのはもったいないことです。

こうしたひと工夫のアイデアから、エッセンスやヒントをいただき、活かすことができると、よりよい発展的な仕事ができたり、夢の実現が早くなります。

そして、楽しみながら続けるためのひと工夫のアイデアにもつながります。今までだったら、〝家事＝必要な労力〟としか思っていなかった状況が一変します。

このスリッパの登場によって、〝家事＝ダイエットの時間〟となって、スリムになった自分自身を想像し、楽しむ時間へと変化していくのです。相乗効果で、家事も楽しく、部屋もきれいになって、すべてにおいてよい状態が生まれるのです。

市場として考えても、それまでだって、ダイエットもスリッパも存在していました。しかし、この2つが組み合わされたことによって新しい市場が生まれ、今もなお広がっているのです。市場規模は小さいけれど、あるとき新たな市場が誕生し、それ以降、長く続いている。参考にしたいケースです。

私たちも、いつも頭の片隅に、生活、仕事、夢の実現に、ひと工夫することを考えていると洞察力が上がり、毎日に張り合いが出て、仕事との関わり方も変わっていきます。日々、ルーティンになっている仕事にひと工夫を加えてみると、楽しく続けることができるようになります。

総務部で、お茶を入れてばかりで、自分の仕事に飽き飽きしていた女性がいました。どうせ、誰がお茶を入れても同じだと思っていました。

あるとき、同僚が出張土産にお饅頭を買ってきてくれたので、お客様にお出ししようと、小さなカードを添えてみました。

「このお饅頭は、同僚の○○さんが、出張のお土産に買ってきてくれたものです。ひとくちサイズで甘さ控えめなので、男性でも食べやすいです」

また、あるときは茶葉を変えて、「このお茶は、私がお茶の専門店で、10種類試飲した中から選んで買ってきました。部長が、また買ってもいいと言ってくれるかわからないので期間限定です」。

すると、このカードによって、お客様と担当者の会話が弾み、交渉がスムーズにいったなどのエピソードが増えていきました。カードのエピソードは、ほんの小さなひと工夫ですが、それによって、周りの方々に小さな幸せをもたらすことになりました。

このカードの話を受けて、私も何か小さなひと工夫をしてみようと考えました。

ある会社へ出かけるとき、「今日の気付きシート」というものを持参するようにしました。

別の会社へ出かけるときは、お気に入りのカメラと写真の束を持参しました。

1社目の会社は業界最大手で、業界誌から異なるジャンルに至るまで、たくさんの雑誌担当者が来社します。その大手の企業では、ひとしきり話をし終わった帰り際に、「今日の気付きシート」を渡すようにしました。気付きシートには、その会社の製品が雑誌に掲載された記事を見つけ、「私は、こんな使い方をしてみたいと思った」とか、その会社の主催セミナーに参加した感想などを書きました。

また別の会社では、担当者に写真の束を見せて感想を頂いたり、裏技を教わったりしました。そうこうしているうちに、「善福さんだから」と担当者の方がいろいろな話をしてくれるようになりました。その話を聴いているうちに、「善福さんだから」と言って、営業した商品を継続的に購入してくださるようになりました。

さらには、インスタントカメラの裏技を教えてくださっていた方が起業し、6年ほど経ったある日、突然私の存在を思い出してくださいました。ニフティが運営するトークライブハウス「TOKYO CULTURE CULTURE」主催のライブイベントにて、パネラー&ゲスト出演者として、お声がけいただいたのです。

過去にやっていたひと工夫が、6年も経って自分に還ってくるとは思ってもいませんでした。とても面白い機会をいただき、感謝の気持ちでいっぱいです。

好きなこと、そうでないことも含めて、目の前には、やるべきことが山ほどあります。やりたいことだけを仕事にできるのが理想だとしたら、その理想に向かうためにも、今やる必要があることは、苦労してやるより工夫してやるほうが、楽しくて充実します。

小さなひと工夫は、それまで自分ごととして価値を見出しにくかった仕事や考え方にも、学びや気付きを与えてくれます。

「○○しなければならない」「○○するべき」となっている仕事ほど、小さなひと工夫を心がけるようにしてください。思わぬ楽しさ、充実感、気づきが得られます。楽しく、充実していて、気付きのあることは、自然と長く続けられます。

脈絡、一貫性、成果を忘れて、楽しめることを続ける

何かをはじめても、すぐに行動が止まってしまう、また、なかなか行動に移すことができない——そのような時期は、多かれ少なかれ誰にでもあるものです。

私は、夢ややりたいことを実現させようと邁進していることが多いのですが、あるときピタッと行動が止まってしまうことがあります。

そのようなときは、「脈絡がない」「一貫性がない」「成果が出ない」という3つの〝ない〟に心が奪われてしまっています。これは、行動する前、行動しはじめたばかりの段階から、「脈絡」「一貫性」「成果」を求めていることの現われです。

そして、ハタと気がつきます。行動する前から、ないものばかりを求めているのです。

何かをはじめるとき、何かを実現させたいとき、そこには一貫した思いがあります。それは、信念と言われたり、仕事なら、コンセプトや方針などと呼ばれたりするものです。そういった思いは、何かをなし遂げるまで一貫しています。

ところが、ここで行動の足を止めるのは、一つひとつの行動に対して、「脈絡」「一貫性」「成果」を求め過ぎているからです。

脈絡というのは、物事の一貫したつながりや筋道を表わす言葉です。筋も、道も、行動して、ある程度歩みを進めた後に現われる軌跡です。多少、回り道だったり、曲がりくねった道であっても、何かをなし遂げた後に軌跡を辿ると、そこには一貫した筋道があります。あるひとつの信念や思いを持って行なった行動は、表面的な事実にブレがあるように見えても、信念や思いをベースに一貫性のある行動ができています。

私は、幼い頃から「飽きっぽい」と言われてきました。エレクトーンと書道を習っていたと思ったら、急にやめて体操をはじめたり、文章を書くことにハマっていたかと思えば、手芸に没頭しているといった具合です。下手ながらデッサンに凝っていた時期もありました。

そのあげく、大学事務職員という安定した仕事をやめて、雑誌編集部に転職。安定から真逆をいくフリーランスになっています。さらには、フォトグラファーですが、写真集ではなく、ビジネス書を出版して、「仕事・魅せる化プロデューサー」「ブランドづくりスタイリスト」「好転機コンサルタント」として、写真を撮る仕事だけでなく、個人、企業のブランド・プロデュース、転機をよりよく発展させるコンサルティングなどの仕事をスタートさせています。ある観点から見ると、理解しがたいことかもしれません。

何十年と同じ仕事に従事する母親や親戚から見たら、飽きっぽいとしか思えなかったことでしょう。「何を考えているのかわからない」と、母親からは、常々言われてきました。気がつくと、いつもやっていることが変わっていると、母の目には映ったようです。

無理もありません。表面的な事実だけを見たら、何の一貫性も脈絡も感じられないという受け止め方もあるはずなのです。ところが、私の中では、信念とか生きるコンセプトのようなものがあります。それは、「思い（夢）をカタチにする」といった、きわめてシンプルなものです。

実際、幼少期から今に至るまでの、脈絡ないように思われるすべてのことは、どれも数年単位で続けていて、短いものでも2年ほど、長いものだと10年以上続けています。

人は立体的な生き物で、その思考も生ものというか、生きているわけです。静かに集中する側面もあれば、スポーツのようなアクティブな側面もあります。

幼い頃には興味のなかったことでも、大人になり、積み重ねてきた経験や周りの環境によって、新しいことへの興味関心が湧くこともあります。年齢を重ねるごとに、新しい関心事が増えていくという人生は、とても心豊かで、感性を磨き続けているからこその生き方だと思います。

私の友人で、経営者の女性がいます。その人は、とても犬が好きで、ご自身も飼っています。そして、犬が好きな起業家向けのランチ会を主催しています。仕事の交流会というよりも、犬好きが集うための交流会といった主旨です。このランチ会を続けていくうちに、犬と飼い主の暮らしを心地よくするためのさまざまなサービスに出逢えたり、犬関連のテレビ番組に出演したり、犬好きの友人とともに、コラボイベントを手がけるようになりました。

ただ、楽しめることを純粋に続けていった結果、本業とは異なるジャンルでありながら、彼女にとっては、活動の柱のひとつとなっています。

あなたが今、楽しめることは、いくつあるでしょうか？　また、あなたはどんな楽しみ方をしたいでしょうか？

ぜひ、それらをリストアップしてください。そのリストの中から、楽しんで続けられそうなことを最初にスタートしてみます。断続的でもいいので、まずは1週間、1ヶ月、3ヶ月と続けていきます。そのとき、好きなことでも、仕事であっても、何かをはじめようと思ったら、楽しむことをまず念頭においてください。

今を楽しめていないと感じたら、何かを探す前に、まずは今を楽しむ工夫をしてみてください。楽しい人に会いに行くのもおすすめです。

すると、ごく自然に、好きで、時間を忘れて楽しめるようなことに出逢えます。そういうときこそ、「脈絡」「一貫性」「成果」は横に置いておいて、楽しむことに集中してみてください。楽しみ方はいろいろです。諸手を上げてはしゃぐような無邪気な楽しみ方もあれば、物事に向き合って、じっくりと味わう楽しみ方もあります。真剣に物事に対峙するという楽しみ方もあります。

人は、ワクワクすることや心から楽しめることのほうが長続きして、ずっと続けていくことができるのです。だからこそ、ワクワクすることからはじめます。

ワクワクする感性こそが、心を動かす原動力、行動力の礎となっていきます。

9章

自分流幸せの波乗り術『四次元ノート』

『四次元ノート』でできること

『四次元ノート』というのは、これまでにさまざまな夢をかなえていく過程で、私自身が試行錯誤を重ねて考え出したオリジナルのノート活用術です。ノートの名前は『ドラえもん』の「四次元ポケット」からヒントを得ました。

『ドラえもん』のストーリーには、すべて同じ構図があります。のび太くんが泣きつき、ドラえもんが道具を出す。のび太くんが勝手に道具を使う。道具に一癖あって、使いこなせなくなる。道具を放り出し、文句を言いながらも、自力でやり遂げる……。

四次元ポケットから繰り出す道具は魔法のようですが、**「ビジョンを描く」「行動のきっかけを与える」「自分で行動して成果につなげる」**といった、具体的に実践できる行動策に導く図式になっています。『四次元ノート』も、同じ役割を果たしてくれます。

実際に書いている内容はというと、未来のことを過去形で書く未来日記。プロサッカー選手の中村俊輔さんに代表される、アスリートが書くスポーツノート。この2つのよいところを掛け合わせたようなものというと、わかりやすく、イメージしやすいでしょう。

未来日記は、自分の夢や理想を思い描いてノートに過去形で書きます。それが、しだいに感情ベースまで思い描けるようになっていくと、夢が叶いやすくなるというものです。

これを書きはじめた頃の私は、起きていない未来をただ過去形で書いているだけだと、本当に起こるかな、と不安になることがありました。夢について書いているのに、不安になったのでは元も子もありません。

そこで思いついたのが、体操選手だった頃、先生に口酸っぱく書くように言われた「練習ノート」の存在でした。アスリートが書くスポーツノートというのは、まず目標やビジョンを書きます。日常的には、自分が行なった練習や試合を振り返り、課題を分析し、どうやったらうまくいくのかという方向性や行動策を導き出すステップを書き続けていきます。

『四次元ノート』は、未来日記とスポーツノートを足したようなものと言っていいでしょう。書き方には、基本のルールがありますが、日記のように綴ったり、写真や雑誌の切り抜きなどを貼ってコラージュをするなど、表現の仕方には自由度を持たせています。

自分流にアレンジして、あなたらしい夢の叶え方のパターンと習慣を形づくっていくツールとして活用していただきたいからです。

『四次元ノート』を書くうえで、一番大切なことは、「自分にもできる」と思うことです。そう思えるためには、過去にやってきたことを大切にします。それによって得た価値観は変わってもいいし、変えなくてもかまいません。

「どうしたらできるか?」というシンプルな質問と、過去にうまくいったことを思い浮かべながら、最終的には、未来への具体策を考える癖をつけていきます。

つまり、ノートを書くことは**「自分らしい夢の叶え方の習慣」を形作っていくこと**なのです。

新しい行動や日々の行動の変化を書きながら、無意識に続けている「選択」と行動を意識します。何かひとつの行動が、「習慣」となって体に染み込むまでには、意識的な「選択」と行動を心がける必要があります。ノートを読み返しながら、よい習慣は続けて、新しいことをするならどうしたらうまくいくか、を考えてみます。

可能性が1%にも満たないことであっても、「こんなことできるかな?」と思い浮かべてみます。不安や心配がふと湧き起こったとしても、「こんなことできるかな?」と考えられたなら、そこにはすでに可能性があることを知っていただきたいからです。

人は、本当に可能性が0%ということについては、想像することさえできません。だから、ふと頭をよぎったとか、「こんなこと、できるかな?」と心配が付きまとう想像でも、「どうしたらできるか?」というシンプルな質問を投げかけて、心配よりも、できたときの喜びが感じられるようなことに時間をかけていただきたいのです。

断続的にでも、『四次元ノート』を書き続けていくことによって、自分の行動や思考のパターンがわかるようになります。小さな行動を積み重ねながら、ノートを書き続けていると、ふだん意識していないことを意識する機会が増えていくようになります。

私たちは、毎日の暮らしの中で、ありとあらゆることを「選択」しています。その選択は無意識に行なわれている場合も少なくないのです。

私は、食事のとき、嫌いなものを先に、好きなものを後から食べる習慣がありました。すると、最後に好きなものが残っているので、無理してでも全部を食べようとします。

しかし今は、好きなものから先に食べるようにしています。あるとき、周りの人を何気なく見てみると、「好きなものから食べる人もいるんだ」ということに気が付いたのです。

そこで、「好きなものから食べると、どうなのだろう?」と思ったことから、食べる順番を意識的に変えるという「選択」をしてみました。好きなものから先に食べると、気持ちがすぐに満たされるために、お腹がいっぱいなのに無理して食べるということがなくなりました。いつもの習慣を少し変えた結果、以前より体重が減りました。

誰しも、何気ない行動の一つひとつを、毎日意識的に行なっているわけではありません。毎日やっていることほど、無意識に行なっています。この無意識に行なっていることが「習慣」です。習慣には、自分で思いもしないものがあります。

『四次元ノート』では、最初に自分の「習慣」と「選択」することの基準のようなものを意識することからはじめます。

『四次元ノート』はビジョンと行動をつなぐノート術

夢や、自分がやりたいことを実現させていくために大切なのは、**実現したいことを思い描く「自由な想像力」と自ら「選択」すること、そして「習慣」を変えていくこと**です。

選択も習慣も、当たり前になっていることや無意識に行なっていることが多いため、自分では気付かないうちにやっている、あるいはやらないでいることが数多くあります。

『四次元ノート』は、こうした選択の仕方や習慣に気付き、夢の実現のために変えたほうがいいと思うことは変えて、続けたほうがいいと思うことは続けていくという「選択」ができるようにするためのノート術です。

その中でも、とくに「○○しなければならない」「○○するべきである」といった考え方を切り替えていくと、やりたいことが実現しやすくなります。

考え方は、言葉の使い方に現われます。よく、ポジティブな言葉を発してポジティブ思考に、と言われます。しかし実際は、自分がどんな考え方で、どんな言葉遣いをしているか、自分では、あまり気付いていない方もいます。

〝成功する〟、〝うまくいく〟と言いたいときに、ポジティブな言葉を発しているようでも、

「私は、絶対に失敗しない」という表現をする人がいます。ポジティブな言葉を使ったほうがいいという前提に立つのであれば、「私は、絶対に成功する」と表現しているはずです。「失敗」という言葉を打ち消す「失敗しない」という表現をするときに気になっているのは、「失敗する」ということです。失敗を気にかけている、失敗することが頭にちらついているからこそ、それを一所懸命否定しているのです。

ポジティブな言葉を使うことがポジティブ思考というわけではありません。この事例のように、自分の言葉の使い方の奥にあることへの気付きを得るほうが大切です。行動することへの不安、足を止める理由などがわかると、それはすでに問題ではなくなるからです。

『四次元ノート』では、自分の本質的な思考に気付くために、プラスに見えること、マイナスに見えることのどちらも、いったん受け止めます。その上で、本来の自分らしいバランスがとれた思考を、行動へと転換させていきます。だから、なりたい自分、実現したい夢をイメージする。未来のイメージに加え、過去に起きたこと、今起きていることから、未来の成功への作戦を導き出す。過去や現在を未来に活かすノート術なのです。

先日、起業女性を対象とした「共感集客セミナー」という勉強会を開催しました。自分の思いに正直な生き方をして、自分らしい仕事を進めていくうちに、周りの方々が、〝お客様からファンに変わっていく〟ということを中心にお話ししました。

集まったのは、ご自身でお仕事をなさっている方々でした。自分で仕事を興した時点で、「自分の持つ技術を使って、世の中のこんな問題を解決したい。誰かの役に立ちたい」という、志の高い方ばかり。だからこそ、まず最初に大切なこととして、考えて頂きたいことがありました。自分がどうありたいか、どんな人生を過ごしたいか、ということです。

まず、自分がどんな場所で、どんな気持ちで、どんな人に囲まれて暮らしたいか、ということを自由にイメージします。そのとき、ある方からこのような質問がありました。

「『いいなあ』と憧れる車があるんです。そういうものをイメージしてもいいんですか？何だか自分に似合ってるとは思えなくて……」

その方はとても謙虚な方で、憧れの車があっても、欲しいと思っていいのかさえ、ためらっていたのです。想像することは自由です。思い描いているだけですから、似合っているかどうかよりも、その憧れの車に乗ってみたいかどうか、乗車した自分自身の姿をイメージして、どのようにワクワクするのかを想像していいのです。

想像することをためらっていたら、実現できるものも実現できません。自分の人生に必要のないものは、想像の世界にも存在しません。もちろん、生きていて知らないことのほうがたくさんあるので、豊かな知識や教養は、あるに越したことはありません。けれども、欲しいと思っているものや、こうなりたいと考えていることについて、想像することをためらっていたら、それは実現することをためらっているのと同じだし、知らないことと変わらなくなってしまいます。

『四次元ノート』は、思い描くビジョンと、それを実現させるための現実的な行動をつなぐノート術です。さらには、自分の言葉の使い方、思考の癖などに気づき、自分の成功パターンが体感的にわかってくるノート術でもあります。

大前提としては、想像力豊かに、自由な発想でビジョンを思い描いていきます。それを踏まえたうえで、基本となる5つのルールがあります。5つのルールをベースに書き慣れてきたら、ご自身で、どんどんアレンジして、書きやすいスタイルを見つけてください。

さらにこのノート術は、ビジネスシーンでも、プライベートでもパワーを発揮します。毎日でなくてもいいので、断続的に長く続けてみてください。

『四次元ノート』の5つの基本ルール

(1) ノートとペンにこだわる

『四次元ノート』を書きはじめることは、夢や自己実現への扉を開けるのと同じです。その扉にこだわるということは、ごくごく自然なことです。書きはじめは、何を書こうか迷ったり、書きたいことが思うように出てこないこともあります。だからこそ、手に取りたくなるノートを選ぶことが大切です。

持ち歩きたくなる。表紙のデザインを見ているだけで心地よい。なめらかな書き味がいい。ノートに触れたときの紙質が好きなど、こだわりを持って選んでみてください。日記とは違って、毎日書くこともあれば、数日おきに書くこともあります。いずれにしても、1冊目は、持ち歩きやすくて、どこでも読み返しやすいように、薄めのノートをおすすめします。

カギ付きの日記帳、背表紙がハードカバーのノートなどありますが、重さや質感がしっかりし過ぎたノートは、1冊目としてはおすすめしません。ノートが重いと持ち歩かなくなり、いつでも書けるという状態からかけ離れてしまう人もいるからです。

また、ペンにもこだわりを持ってください。やはり、書き味は大切です。色も好みでかまいません。持っていても、書いていても、気持ちがよいペンを選んでください。

私は、三菱鉛筆のJETSTREAMのFシリーズという油性ボールペンを使っています。手頃な価格ながら、コストパフォーマンスがいいからです。書き味が滑らかで、デザインもシンプルなので気に入っています。ガラスペンを使いたいと考えていましたが、いつでもどこでも書きたいということを考えると、油性ボールペンに落ち着きました。

自分なりに、一番きれいな字が書けるペンを使っています。意志のある言葉として、息吹を吹き込む気持ちで書いてみてください。

(2) 1ページ目に必ず書く、未来ストーリーの仮ゴール

『四次元ノート』を書きはじめるとき、2冊目、3冊目と次のノートに変わるとき、必ず書くのが、「このノートを書き終えた頃に、どうなっていたいか」といった、途中のビジョンです。未来ストーリーの仮ゴールという言い方をしています。

目安は、**「3ヶ月後の自分は、どうなっていたいか?」**ということを考えて書くイメージです。ノートを新調するたびに書いていきます。

3ヶ月経ったと想定して、3ヶ月後の自分から今の自分に宛てて書く手紙のようなスタイルでもいいし、3ヶ月後に、どういう場所で、どういうことをしながら、どのような1日を過ごしているかといったことをイメージして書いてもいいのです。

私の場合は、「このノートが終わる頃には〜」という書き出しをよく使います。

2012年4月26日に新調した『四次元ノート』の書き出しは、「新バージョンの四次元ノートをスタート。このノートをスタートした日は、おだやかな幸せに包まれた日だった。4月26日。あの日、こんなにすばらしい出来事が起こるなんて、予想もしていなかった」とはじまり、「(中略)このノートが終わるまでに、『夢バイブル』(仮称)の自著出版の足がか

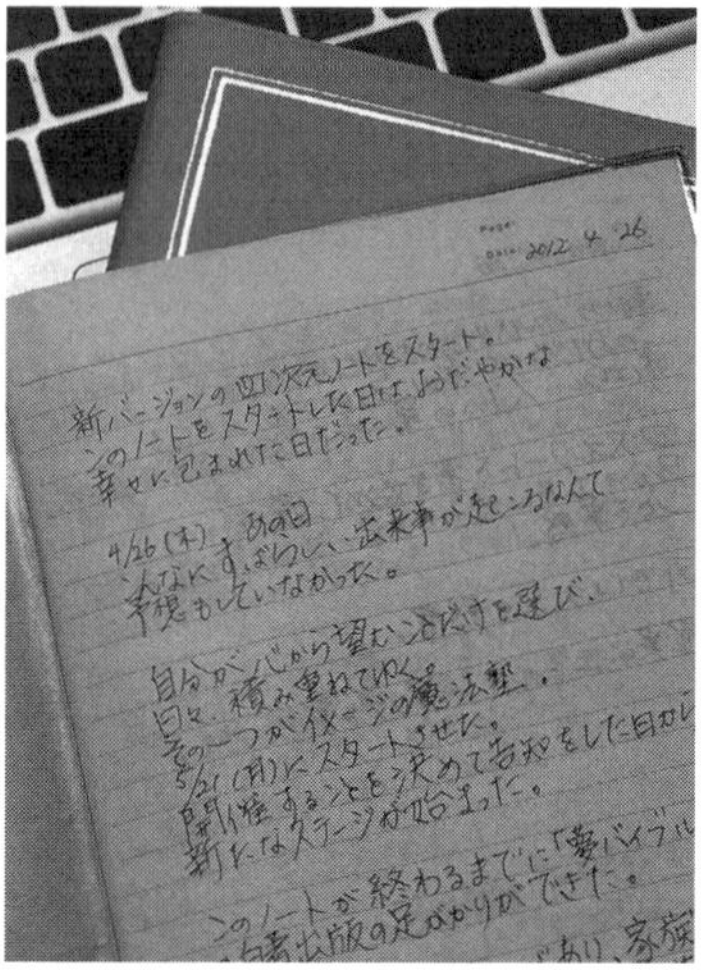

りができた」と結んでいます（写真：実際のノート）。

そして、ノートを書きはじめてから2ケ月後の6月30日に、出版の足がかりができました。

その本は、「夢バイブル」というタイトルではありませんが、『〃偶然〃をキャッチして幸せの波に乗る7つの法則』といいます。

そうです。今、みなさんが手に取って読んでくださっている、この本こそが、『四次元ノート』の最新の実績なのです。出版の足がかりを実らせ、行動をして、出版までつながり、みなさんのお手元に本として届けることができました。

新調した『四次元ノート』に、未来ストーリーの仮ゴールとして最初に書いてから、2ケ月あまりで夢の実現の一歩が進みはじめたというのは、これまでに比べて、実現するまでのスピードが、格段に早まっているように感じます。

このスピードアップは、『四次元ノート』を断続的に続けてきたことによって、夢が実現しやすい考え方、習慣や行動が、自然にできるようになったからです。

さらに、『四次元ノート』に書いて実現したことが増え、行動への自信や『四次元ノート』への確信が、ますます持てるようになったことも大きく影響しています。

うれしいのは、『四次元ノート』に書いた夢の実現の仕方には無理がありません。プロセスを楽しみながら、今の自分が未来ストーリーの仮ゴールまでにできることを楽しむ。そのようなスタンスを忘れずに、日々ノートを綴り、読み返し、行動していくのです。

野心に満ち溢れ、山登りのようにストイックに成功を志すというやり方とは違います。いい波がいつ来てもすぐ乗れるように、波の上で、リラックス感と緊張感のほどよいバランスを保ちつつ、積極的に波を待つ感覚です。こうした一連の行動を楽しみながら続けていきます。

ノートは、毎日書く必要はありません。もちろん、書きたかったら、毎日書いてもかまいません。夢や自己実現のために書きはじめたのに、毎日書くとなると、しだいに書くことが目的化してしまう方がいます。書くことそのものが目的となってしまうと、今日は書いた、今日は書かなかったということだけに気持ちが向いてしまい、人によってはそこばかりにこだわるようになってしまい、何のためのノートかがわからなくなります。

断続的でいいのです。書けるときは毎日書いたらいいし、書けないときは書かなくてもいいのです。ノートを毎日書いたから夢がかなうのではなく、ノートを上手に活用して、**「選択」と「習慣」と「行動」に気づきと変化を起こすから夢がかなう**のです。

こうして、ルールをガチガチに決め過ぎないことも、「〇〇しなければならない」「〇〇であるべき」という考え方を、自然と緩めて柔軟な考え方へ移行するための、習慣を変える行動のひとつなのです。

(3) 過去も現在も未来も、すべて過去形で書く

ここからは、5つのルールのうち、書き方についての項目が3つです。そのひとつが、**「過去も現在も未来も、すべて過去形で書く」**というものです。これは、読んで字のごとく、『四次元ノート』に書く、すべてのことを過去形の文章で表現します。

昨日起きたことも、今日起きていることも、これから起こることも、すべて過去形で書きます。これから起こる出来事を過去形で書くのに慣れるまでは、現在進行形でかまいません。

どうして、すべてを過去形で書くのでしょうか。とくに、未来のことについては、「こうなったらいいな」と考えることはよくあるとしても、しょせん想像の世界のことに過ぎません。たとえ、数ヶ月後に何らかの予定が入っていたとしても、あくまで予定であって、まだ起きていないことだから、思いを巡らせたり、想像しているだけのことです。

では、過去の記憶はどうなのか。実は、過去の記憶については、起きた事実をそのまま記憶しているわけではないと言われています。一昨日の夕飯は憶えていないとしても、大学に

合格した日のエピソードは鮮明に記憶している、といったことはないでしょうか。

起きた出来事について、インパクトのあること、とくに感情の動きや衝撃などがあると、脳は記憶しやすいと言われています。このとき、私たちは事実をただ事実として記憶するのではなく、起きた出来事についての事実を、感情とともに自分の頭の中で再構成したストーリーやイメージに仕立て上げて、記憶として残しているのです。

だから、日常的な一昨日の夕飯は憶えていなくても、大学合格の日の出来事は覚えています。正確に言うならば、「大いに喜んだ感情」とともに再構成されたストーリー（記憶）が、鮮明に思い出されているからです。

たまに、友達と一緒にいた過去の出来事を語り合ってみたら、それが微妙に食い違っていたという経験はありませんか。

それは、同じ場所にいながらも、感動や衝撃を受けたことが、相手とは少しずつ異なり、また記憶するときに、それぞれがイメージを作って記憶するため、話しているうちに、大枠は同じであっても、微妙な食い違いが生まれるからです。

こうして考えてみると、過去に起きた出来事も、過ぎてしまえば、未来の想像とあまり変わらないのです。過去に起きた出来事も、事実をそのまま記憶しているわけではなく、インパクトのある感情を中心に、記憶のストーリーを作っているのです。

未来ストーリーを思い描いて「こうなった」と想像します。そのとき、感情面の動きも味わって、ワクワクしたりうれしくなったとすれば、未来のストーリーも、感情面の動きの伴った記憶のストーリーに近い状態で、脳にインプットされるからではないかと考えました。

『四次元ノート』に、過去のことや現在起きていることや未来で起こるとうれしいことを、すべて過去形で書き続けていると、少し時間が経ったときに読み返してみると、どれが過去で、どれがまだ起きていない未来のことか、わからなくなる瞬間があります。

時間の概念が変わるというか、少し脳が混乱するという感覚があります。さらには、未来のこととして書いたことを、ずいぶん経ってから読み返すと、少し状況は違うものの、似たようなことが現実として起きたということもあります。

未来のことだけを過去形で書いていると、こうした混乱は起こりませんが、**過去、現在、未来と合わせて混在させることで、いい意味で、過去も、未来も区別がつかないような状態が起こります**。それによって、未来で起こることも、すでに起きたことのような感情を味わっているため、気がつくと、本当にできていた、そうなっていたという感覚になることがたびたびあるのです。

（4）書かないとき、書けないときは、読み返しと、もしも〇〇だったらを書く

目の前の出来事に向き合っているとき、仕事に追われて、ビジョンや夢を想像する時間さえ取れないときは、誰にでもあります。今の仕事が忙しければ、今はその目の前のことに向き合いましょう。これは、とても大切なことです。目の前の現実としっかり向き合ってこそ、ビジョンや夢への行動とつながるからです。

そのように気力が減退しているときなどは、『四次元ノート』を無理に書く必要はありません。毎日書かなければとか、最近書いていないと反省するといったことからは、何の意味も見出さないのが、このノート術の特徴です。

忙しいときは、これまでに書いたページを読み返します。面白い出来事が起こったときのこと、ワクワクしながら想像したことから、うれしい気持ちなどを思い起こしてみてください。気持ちの余裕が出たら、「もし、今日の帰り道に、親友の○○ちゃんと偶然会ったら何を話そう?」など、自分の気持ちがワクワクするようなことを想像して書いてみます。

できれば、どこで、どんなふうに会って、最初にどんな反応をして、どんな会話をしたか、そのときどう思ったか、感じたかなどを書いてみます。もちろん、実際に起こっていないことなので、あなたの想像できる範囲のことでかまいません。

これは、イメージすることを楽しんで、遊びながら、プチトレーニングする「もしも、○○だったらゲーム」です。「もしも、○○だったら～」というようなことが実際に起こったかどうかよりも、どこまで現実的に、手に取るようなリアリティのあることを思い描けるかという、想像を楽しむゲームだと思ってやってみてください。

実際、この「もし、〇〇ゲーム」は、私が体操競技をしていた頃の、イメージトレーニングからヒントを得て、ゲーム感覚でイメージする練習を考えてみたものです。

体操競技では、宙返りしながら3回ひねるとか、2回宙返りをする間にひねるなど、日常生活では決してやらないようなことを演技として行ないます。自分が取り組む新しい技は、レベルの高い選手のビデオを見ることからはじめます。すると、あまりにも自分のレベルとはかけ離れていて、最初はできるとは思えません。現実離れし過ぎているからです。けれども、いつもやっていたり、できている技の中から、それに近い体験を思い起こし、ビデオで見ている動きと実際に自分がやったことのある動きとを、頭の中のイメージで何度も何度もすり合わせていくことを繰り返します。

その後、実際に器具を使いながら、コーチの補助などのサポートの下、頭の中ですり合わせたイメージと実際の自分の動きとのすり合せを行なっていきます。そうやって、数ヶ月かけて、新しい技を覚えていきます。

こうした経験を活かして生まれたのが「もしも、〇〇ゲーム」です。頭の中で考えたことと実際の行動とのすり合せを遊びながら、楽しみながら行なっていきます。遠くにあるように思える夢と、今目の前にある現実との間のすり合せをして、夢を実現させる想像力と行動力とをつなげていく工夫をしたのが『四次元ノート』です。

（5）自分の成功パターン（行動＋感情）を分析して蓄積する

『四次元ノート』では、うまくいったことは、何度も何度も書きます。自分で腑に落ちて、納得するまで書きます。

失敗したことも書きますが、「どうして、失敗したんだろう」という後悔ではなく、**「どうしたら、うまくいくだろう（いったのだろう）」**という改善点、成長への気づきとなることを書いていきます。

失敗したことを思い出し、なかなか新しいことに手を出せない。行動に二の足を踏んでしまう。よいことは、「あの頃はよかったね〜」と懐しむだけで終わってしまう人を、たまに見かけます。これは、何か行動を起こした後、反省するという蓄積や習慣はあっても、いいこと、うまくできたことについて、よい点を確認し、次に活かすという蓄積や習慣が少ない現われかもしれません。

失敗の中には、成長するためのたくさんの気づきが内包されています。失敗から学び、次のステップへ活かす。これは、当たり前のことで、誰もがそうやって行動しています。世間では多くの人が、幼い頃から〝反省しなさい〟と言われて育ってきています。親や先生から叱られると、反省しているかどうかを問われたことを思い出します。

反省会という言葉は、幼い頃から耳にしていますが、その対義語にあたるような会をなかなか見たことがありません。反省は、とてもいいことです。失敗や日頃の行動をあらためて見つめ直し、次へ活かすための策を見出したり、行動することができるからです。

しかしながら、よいことから学び、次へと活かす行動を見つめることをしたほうがいいと言われたことは、私自身ほとんどなかったように思います。よいことやうまくいったことがあっても、ほめられることはなく、スポーツをしているときは「気を引き締め直せ」と言われていました。勉強でも、スポーツでも、よい成績を収めたときでさえ、親からほめられた記憶がありません。

そうであれば、自分でほめるしかないと、私はよいことやうまくいったことについて、「よくやった。頑張った」と自分自身でほめるようにしました。うまくいったことを自分でほめて喜ぶことによって、感情が突き動かされます。そうすると、よいことも記憶として蓄積されていきます。

そうやって、よいことが少しずつ蓄積されていくと、次に違うことにチャレンジするとき、新しいアイデアややる気が湧いてきます。『四次元ノート』で、よいことを何度も何度も書くのには理由があります。

明らかに、自分自身が高揚するようないいことが起こったとします。高揚する度合が高いほど、何度も何度もノートに書くようにします。1日に数回書くこともあれば、1週間ほど同じことを書くこともあります。これは、ある体験をきっかけにはじめたノートの書き方です。ものすごく楽しいことやうれしいことが起こった後、気持ちが妙に落ち着いてしまうことはないでしょうか？

あまりにも楽しいことやうれしいことが起こると、決まって次の日、言葉数が減ったり、無口になったり、落ち込んだ気分になる自分がいました。自分自身に起きるこの現象の意味を、来る日も来る日も考えました。あるときから、高揚感のある出来事が起こったとき、気持ちが落ち着くまで、何度も何度も、そのことについてノートに書きはじめたのです。

とてもうれしいことや楽しいことが起こると、気持ちが高揚します。その状態から、いつもの生活に戻るのは、高揚感から平常心に戻っただけなのです。

ところが、高揚した気持ちから平常心に戻っていくとき、気持ちの落差が存在しています。ニュートラルな心の状態に戻っただけなのに、気持ちの落差によって〝落ち込んだ気持ちになる〟、〝気が乗らない感覚になる〟といったことが起きていることに気がつきました。

そして、高揚感が起こるような出来事を、何度も何度もノートに書いていくうちに、気持ちが緩やかに落ち着きを取り戻していくのを実感しました。

高揚感から平常心へ戻るときの気持ちの落差で、落ち込んだ気分になることを、ノート術によって緩やかにすることができる。私は、このノート術を「ジェットコースター・コントロール」と呼んで、今でも実践しています。

さらには、気持ちを落ち着かせようと、いいことを何度も何度も書いていると、気持ちが落ち着きを取り戻すのと並行して、その起きた出来事への視点も変わってくるのです。同じ出来事を、何度もノートに書いているだけで、次はもっとこうしたらいいのではないか、というアイデアがいろいろと湧いてきて、ひとつのことに対して、ものの見方や視点をいくつも得られるという効果がありました。

これによって、ひとつの物事をさまざまな視点から見られるようになり、自分以外の誰かの意見を、まずは受け入れてみるという姿勢にもつながりました。人は、いろいろなことを思考し、さまざまな価値観や意見を持って今を過ごしているということがわかると、目の前の人が今何を言おうとしているかについて、しっかりと耳を傾けて聴こうという姿勢にもつながります。周囲の方々と関わりを持ち、コミュニケーションを図るうえでの大切なあり方を学ぶことができます。

10章

今の行動を少し変えれば、未来ストーリーは大きく変えられる

計画どおりにいかないからこそ、今を変える小さな勇気を持とう

計画どおりにいかないこととうまくいかないことは、別の次元の話です。さらには、失敗することと成功することは、対極にあるものではありません。何らかの夢を実現させている人、充実した人生を歩んでいる人にインタビューをしたら、8割以上の人が「自分の人生は、計画どおりではなかった」と答えると言われています。

人生におけるターニングポイントは、計画どおりにはやって来ません。むしろ、「今思えば、あのときこんなことが起きたから――」「あのとき、たまたまこんな人と出逢って――」といった計画外、想定外の出来事こそがターニングポイントとなって、今の自分らしい仕事の仕方や人生のあり方につながっている。そんな事が多いのが、人生であり、キャリアです。

何らかのご縁で、この本を手に取っていただいた瞬間ですら、「この本を買う」「この本を読む」ということは、あなたの計画には存在していなかったのではないでしょうか。

こうして、本を書かせていただいている私自身も同じです。原稿を書く1年前、「本を出版する」という計画はありませんでした。「本を出版したい」という思いは、雑誌編集部を卒業した頃から抱いていたし、「本を出版する」ことも、夢のリストには書いてあり、決め

ていたことです。それでも、1年前にはなかった計画です。今回、念願の出版につながったのは「計画」を立てたからではなく、「行動」をしたからです。

最初に本を出そうと決めたのは、編集部を卒業した2005年のことです。恋愛小説のコンテストに応募し、見事に落選しました。そして、たまたま、大手出版社に勤務する編集者の方を友達から紹介してもらったので、拝み倒して原稿を見ていただきました。

違う出版社のコンテストで落選した作品。問題があることをわかったうえで、数百枚もの原稿にきちんと目を通して、アドバイスをしてくれました。

正直、プロの洗礼は、ダメージが小さなものではありませんでした。A4の書類に、作品の問題点がびっしりと書かれ、原稿とともに返ってきました。自分の作品に、ひとつとして、よいところを見出せないような気がしました。その中で気になった点は、「〝たまたま〟と〝偶然〟は、こんなに起きません。仮に、起きるとしても、小説の中ではあり得ません。こんなに偶然が起きたら、小説自体が作り物であるのに、虚像の塊になってしまいます」といったメッセージでした。

このメッセージこそが、今回の本の核となるテーマにつながっていったのです。小説の世界では、〝たまたま〟や〝偶然〟は虚像を作り出してしまうから不適合だったわけです。

しかしながら、現実世界で、そして私の周りでは、〝たまたま〟や〝偶然〟は、どうしてこんなに起こるのだろう?――この問いかけこそが、すべてのはじまりでした。

この問いかけが頭の中を巡り出した頃、私はフォトグラファーの仕事をはじめました。編集部を退職して、2ケ月くらいが経った頃のことです。執筆家、作家として一歩を踏み出したいという思いだけを抱いていた頃、趣味で続けていた写真の作品展を開催しました。

その作品展に足を運んでくださった方が、「会社のパンフレットを作り直すから、プロフィール写真を撮ってほしい」と、直接ご依頼くださったのです。その方を撮影すると、次のオファーが、次の撮影をすると、さらに次のオファーが来るようになりました。

この頃、しばらく計画を立てることを止めてみました。**計画するよりも、行動することを優先してみたのです。**編集部をやめたことを知った友人のデザイナーから、コピーライティングの仕事が入ったり、知り合いに紹介してもらった会社から、撮影の仕事が入るようになりました。そうやって、小さな行動、ひとつの行動をつないでいくうちに、いつの間にか撮影、デザイン、コピー、編集、イベント企画、プロデュースと、いろいろな仕事をするようになっていきました。

計画は、立ててみたほうがいいと思います。現実とのギャップがわかり、次の行動予測が立てられるからです。また、計画どおりにいかないとき、何に原因があるのかを考える材料にもなります。何より、安心感につながります。

その一方で、計画どおりにいかないからこそ、計画することをあえてやめてみるという、私のような方法を試してみることもおすすめです。計画どおりにいかないとき、計画することをやめてみるときのポイントは、締切りを決めてみるということです。

後は、小さなことでいいので、何か行動をしてみてください。ただひとつ、「これをやってみるんだ」という意志と意識を持って、主体的に行動を選択してください。

昨日できなかったことでも、今日はできるかもしれないと思えるようなこと。うまくできなかったことも、やり方を変えたらできるかもしれないと工夫できそうなこと。「いいことがないな」と落ち込んでいたら、街中で目が合った人にニッコリと微笑んでみること。ついていないと思っても、「今日は、いい日だったな」と声に出してみること。いいアイデアが出なかったら、ペンを利き手と反対の手で持って、落書きをしてみること。

これらはすべて、小さな行動です。**どんなに小さなことでも、意志と意識を持って選択し、行動につなげたなら、今を変える行動に変わります。**どんな小さなことでもいいから、今を変える小さな行動をする。そのための、小さな勇気を持っていただきたいのです。その小さな勇気を、小さな行動に変えてください。

その勇気が、後々あなたを大きく変える流れに救い上げてくれることが起こります。

一番大切なのは、**計画を立てること以上に、今を変える小さな勇気を持つこと。その小さ**

な勇気を行動に変えて、実行することです。

はじめの一歩の小さな行動は、すでに未来を変えている

あなたが、今やろうとしている小さな行動は、今この瞬間、あなたの未来に起こる出来事を、素敵なものへと変えてくれます。それは、一滴のしずくのようなものです。一滴、一滴しずくを貯めようとすると、とてつもなくたいへんなことのように思えてきます。

ところが、同じ一滴でも、穏やかな水面に一滴のしずくを垂らしたら、どうなるでしょうか。一滴のしずくが小さな波紋となり、しだいに大きくなっていくのがわかります。

あなたがやろうとしている小さな行動は、一滴一滴しずくを貯めることではなく、水面に一滴のしずくを垂らすことと同じなのです。

私たちは、1人で何かをなし得るということはほとんどありません。仕事であれば、同じ職場の人がいます。1人で会社を立ち上げたとしても、あなたのサービスを受け取ってくれる相手がいます。何もないところで、しずくを貯める行為とは違って、私たちが行なうことは、水面に一滴のしずくを垂らすことに似ているのです。小さなひとつの行動、あなた1人の行動は、ときとして変化を生み出します。それは、自分自身の変化かもしれないし、他の

誰かの変化をサポートすることかもしれません。それが、ひいては大きな出来事やドラマにつながることだってあるのです。そして、その大きな出来事やドラマが起こるということを、最初から予測できるわけではありません。

今この瞬間、あなたが何らかの行動をしよう、何かをはじめようと思ったとしても、周りの状況や環境、人間関係は、それほど急激な変化を見せることはないかもしれません。

それでも、あなたの心持ちや考え方、行動に小さな変化が芽生えているとしたら、明日起こることは、確実に変化を遂げていきます。

あなたの未来が待っているのは、あなたのはじめの一歩です。何もしなければ、何も変わらない明日が来ます。未来に起こる出来事やドラマを、あなたがほんの少しでも信じて動いたら、その行動が一滴のしずくとなって、水面の波紋が起こります。何かをしても、すぐに何かが大きく変わったように見えない。そんな明日が来るかもしれません。

それでも、何か行動を変えて、小さな一歩を踏み出してみる。そう考えて決めた、意志のある「選択」や「行動」は、今日のあなたをすでに変えています。

意志ある小さな行動は、あなたの姿勢や表情にも自然と変化をもたらします。いつもより、心なしか背筋が伸び、表情、とくに瞳に力が生まれます。あなたが変わろうとしなくても、意志ある選択や行動によって、毎日の生活に張りが出てきます。そうすると、自分が変わっていると、ふと気づく瞬間が訪れ、小さな変化に敏感になります。

私の場合はとてもわかりやすく、意志ある選択や行動をしているときは、生活のリズムにはっきりと現われます。規則正しい生活ができるようになり、朝早くスッキリと目覚める日が増えます。習慣として、何気なく行なうことの合間に、頭がスピーディーに働くような実感が増えていきます。

たとえば、シャワーを浴びたり、歯を磨いたりしていると、いろいろなアイデアが次から次へと湧いてきます。それまで、できないと思っていたことが、急にできると思えるようになって、チャレンジしてみたくなります。また、電車で吊り革を持ちながら立つ姿勢がよくなっていきます。さらに、以前に比べて、目の前がパッと明るく感じることまであります。「これを自分で選んだ」「選ぶのをやめた」と意志をもった行動を少しずつ増やしていくことによって、今まで何となく行なっていたことをハッキリと意識することができるようになります。それによって、こうした自分自身の気持ちや状態、姿勢などの変化を、五感のあらゆる感覚で受け止められるようになります。

人の変化に敏感な友人がいたら、「何かいいことあった?」「好きな人でもできた?」「髪型を変えた?」など、変化を問う質問をされることもあります。

自分で感じる変化は、実感と主観とが混じり合い、このまま変化を楽しもう、味わおうという気分になります。

そして、友人に変化を問われると、スッキリした気持ちになったり、さらに意志ある選択ができるという励みになることもあります。それほど、小さな行動やはじめの一歩は、未来に大きな影響をもたらす可能性を秘めているということです。

そうは言っても、何からはじめたらいいのかわからないという方がいたら、当たり前の習慣の中で、こんなことを試してみてください。

たとえば、朝晩歯を磨くとき、歯を磨くことだけに意識的に集中してみてください。他のことを考えたくなるところを、歯を磨くことだけに意識を向けるのです。

左から（右から）上下に、それぞれ何本の歯があるのか、表裏を1本ずつ磨けているか、虫歯の詰め物はどこにあるか——これは、自分の体の感覚と実際の状況とのギャップを埋めていく体感の練習になります。

実際に、歯が何本あるかはわかっていても、体の感覚としてそれを実感できないことがあります。すべての歯を、1本ずつ磨いたかどうかなんて、ふだんは意識していません。

ですから、ふだん無意識に行なっていることに意識を集中したとき、どのような変化が起こるのかをしっかりと味わってみてください。

無意識に行なっていることを意識化することを通して、「自分の意志ある選択」がどんな変化をもたらすのか。「習慣」を意識して体感することが、絶好のゲームになります。顔の外にあるものは、鏡で見ることができます。歯は、鏡で見ようと思ったら見られるものもありますが、磨いているときは無理です。

そして、こんなことでも、未来を変える行動だと思って、笑ってしまうほど真剣に取り組んでみてください。**「意識をするということ」がどんなことか。あらためて実感することによって、変化を感じることができます。**

すごいことより、今目の前のことを楽しむ工夫をする

大きな夢やビジョン、未来のイメージを描くことは、何よりも大切なことです。夢やビジョン、未来のイメージがあるからこそ、何をしたいかアイデアが湧いて、行動につながります。夢やビジョンによって、意欲や集中力が湧いてくることもあります。

すでに偉業を達成したとして、世の中で認知されている事業家や経営者ですら、「千里の道も一歩から」の言葉どおり、はじめの一歩は必ずありました。失敗と成功、そして試行錯誤を繰り返しながら、その道のスペシャリスト、オンリーワンの地位を築いていったのです。

あえて、偉大な名前を列挙してみますが、アップルの共同設立者の一人、故・スティーブ・

ジョブズ氏、『夢をかなえる実践哲学』という本に登場する起業家のリッチ・デヴォス氏。

スポーツ界では、体力の衰えを感じさせない、メジャー13年目を向かえるイチロー選手、現役最年長のプロサッカー選手でありながら、2012年フットサルのW杯日本代表に選出された三浦知良選手。

どんな偉業を達成した方であっても、必ず最初は初心者で、はじめてのときがありました。私は、自分がスポーツ選手だったこともあって、仕事も、スポーツの発想で考え、取り組むことが少なくありません。ですから、何らかのヒントを得ようと思ったとき、スポーツ中継を見ることがあります。さらには、スポーツドキュメントで、選手自身が語る言葉の中から、仕事のヒントを得ることもあります。

今もなお、私が仕事を続けていくうえで、深く心に刻まれている話があります。

それは、サッカーの三浦知良選手の話です。10年近く前のことになりますが、ご本人の話を直接聞ける驚きの出来事が起こりました。

出張を終え、新幹線に乗り込み、しばらくすると、通路を挟んだ隣の人が席を立ち、帽子を被った男性が座りました。「井原さあ、もう一度現役復帰しろよ。俺は生涯現役だぜ」

私は、この言葉に鳥肌が立ちました。それが、すぐに三浦知良選手だとわかり、開いていたパソコンに触れることなく、カズ選手が語り、聞こえてくる言葉の一つひとつに夢中になって耳を傾けていました。片道約2時間近くの話でした。

このときの話を要約すると、自分は生涯現役で居続けるということ。10代、20代の若さにフィジカルではかなわない部分もある。それでも、ゴール前で負ける気がしない。それだけの努力をしているし、経験を糧にもしている。いつも、今が一番、サッカーが楽しいと思えるし、そう思えるだけ打ち込んできている。サッカーを、というより、スポーツ文化をしっかりと日本に根づかせる活動をもっとやりたい、といった話をしていました。

あれから10年近く経った今も、カズ選手は現役です。小学校での特別授業を何度も行なったり、東日本大震災の被災地の中学への訪問もしています。これは、子どもたちの夢を育んだり、スポーツ文化を日本に根づかせるといった、カズ選手の活動の一環なのだと思います。

カズ選手のすばらしいところは、ご自身の口で「自分の成果は、積み重ねの結果」と語り続けているところです。そして、誰よりもサッカーを楽しんでいるし、それがプレーを通して伝わってくるところです。

カズ選手は、ビジョンや目標設定がとても明確な、「登山型」の成功を遂げたサッカー選手と言っていいでしょう。けれども、順調な活躍をし続けているカズ選手であっても、こと、W杯という目標については、苦難やタイミングの悪い出来事もありました。

それでも、変わらないスタンスで、今目の前のやるべきことを楽しむ姿勢を見ていると、

「波乗り型」の成功の仕方にも、おおいに参考になります。

それは、誰よりもサッカーを楽しむ姿勢であり、すごいことをやろうというよりも、続ける、積み重ねることで成果をあげていること、苦難が起きても周囲のせいにすることなく、いつも起きたことを受け止めて次に活かす生き方をしている、という点です。

「〝偶然〟をキャッチして幸せの波に乗る」という柔軟な考え方、発想、対応力をもって、波乗り型の成功を収めるためには、登山型の成功を収めた人たちのような努力をしていないのかというと、決してそうではありません。

小さな成果も、大きな成果も、すごい成果も、結果なので、必ず後からついてきます。

成果に目を向けるよりも、まず今の自分が「考え方」「行動」「習慣」といった、現在できることについて、ベストコンディションを保つ工夫をしていきます。そのためには、楽しみながら、ベストコンディションになっていくように、自分の感覚を信じて、些細なこと、小さなことでも**「主体的な選択」**をすること。**「選ぶ」、あるいは「それをしないという選択」を自分で決めることが、人生を変える実感につながります。**

人間関係や環境の変化、たとえば、仕事の現場では、急な人事異動、転勤といったこと。女性の場合は、とくに結婚や出産といった、ライフステージの急激な変化、身の回りとの関わり方やあり方の変化によって、夢や計画がガラッと変わることがあります。また、自分で選択、行動し得る範囲を超えた出来事によって、環境や状況が変わるケースもあります。

こうした変化を柔軟に受け入れることが、新しい自分の道を切り拓くチャンスとなるのです。発想の切り替えによって、ピンチや目の前の出来事が、ある瞬間にチャンスに変わるといったこともあります。

「選択」するということは、頑なに決めるということではありません。覚悟というような重々しいものとも少し異なります。「選択」をするということは、思考や行動の柔軟性を持っているということなのです。さらには、柔軟性を持ち続けて、どんな環境や状況の変化があっても、行動できるオープンな気持ち、心を豊かに保つ工夫ができる生き方とも言えます。こうしたオープンな気持ち、心の豊かさを持ち続けるためには、誰かの軸ではなく、**「自分の軸、自分の感性で決める」**ことが大切です。自分で決められる範囲に限りがあるからこそ、決められることを決める。それを意識して、楽しんでみることです。

今朝、あなたは出かけるときに、左右のどちらから靴を履きましたか？　本来、左右どちらが先であっても何の問題もない、どうでもいいようなことです。

けれども、こうした何気ないことをするときに、「よし！　今日は右（左）の靴から履いたから気分がいいぞ！」と、声に出して楽しんでみるのです。

実際にどうなるか。気分がいい１日を過ごせる確率は、グンと上がります。それは、右の靴から履いたからではなく、「気分がいい」1日を過ごすとあなた自身が決めたからです。そもそもは、「右の靴から履く」ことと「気分がいい」ということは、直接、何の関係もありません。一見すると脈絡のない、2つのことをつなぎ合わせただけです。そのことによって、何も見えない、わからない状態でいるよりも、「気分がいい」ということの象徴がハッキリとするので、自分の軸で決めやすくなります。

自分で決める、選択するというのは、こうした些細なことを楽しむ工夫の積み重ねを繰り返すことなのです。

失敗をしない自分より、失敗から成長できる自分が未来とつながる

失敗しないということは、何もしていないことと同じ——そう言われるほど、行動をしている人にとって失敗はつきものです。

目的に向かい、夢の実現に向かって行動をしていて、一度も失敗をしなかったということを聞いたら、「それは、本当にその人の功績だろうか」と思うかもしれません。それほど、失敗と成功は隣り合わせなのです。「失敗は成功の母」という言葉があるほどです。

あなたのこれまでの人生で最大の失敗は、どんなことだったでしょうか?

このような質問をすると、あなたにも、思い出す出来事がひとつや2つはあるはずです。それと同時に、成長するきっかけとなった出来事、失敗を挽回して次の成功につなげたエピソードなども思い浮かんでくるのではないでしょうか。

私が、仕事の現場でしてしまった最大の失敗は、「仕事はチームで行なっている」という自覚も実感もないまま過ごしていたことです。私が、営業として働いていた頃、行なっていた仕事の多くは、1人で担当していました。相談する上司も、育てる部下もいなかったため、自ら「チーム外」の仕事をしている気持ちになっていました。

仕事の大半は、チームプレーで行なわれます。大きな失敗をしたことを思い出すとともに、チームに助けられた、上司の一言に救われた、忘れられない励ましや叱咤激励の言葉の数々が、脳裏をよぎるといった人がいるかもしれません。

私は完全なる一匹狼で、チーム外の人間だと考えていました。自分でしてしまった失敗は、自分で取り返す覚悟を持ち、自分が出した成果は、自分の評価のためと考えて仕事をしていました。ですから、当時の私の最大の失敗は、〝チームで仕事をしているという実感〟が、まったく存在していなかった、ということです。

伝えたいことと感情とは、自然とつながっています。感情的になるというより、人が行なうことには感情がつきものです。やる気になるには、やる気になる考え方が、信頼を築くには、信頼できる考え方から発する言葉を使う必要があるのです。そこにはいつも、何らかの感情が寄り添っているという状態です。

人間は、強くもあり、弱くもある生き物です。私自身もそうです。「孤独で寂しい。成果を上げたんだから一緒に喜んでよ」と、心の中で泣く毎日。でも、一緒に喜んでくれる人もいなければ、失敗を慰めたり、叱咤激励をしてくれる温かい心に触れることもありません。

私自身の基本的なスタンスは〝一匹狼〟でしたから、他のスタッフの失敗に対して、どう関わっていいのかがわかりませんでした。自分の伝えたいことも、どうやって伝えるべきかわからない時期が続きました。自分の意志を伝えられないということが、直接的に人事評価にも影響を及ぼし、落ち込むことが何度もありました。

あるとき、プレゼン上手な人が転職してきました。同僚となって3日後、その人から、「善福さんは、自己主張が下手です。人がいいだけではダメです。プレゼンができなければ、ビジネスの世界では損をしますよ。どんな営業をしているんですか」と言われました。

その頃、営業成績は上がってきていたし、転職して3日目の人に言われた衝撃は、ずいぶん長い間忘れることができませんでした。

社内では、あいかわらずの一匹狼でした。社内に理解者になってくれる人が現われるとは思っていなかったので、社内の人に対して、自分から必要以上に関わりを持たないようにしていました。そんな中、衝撃的なことを言われて愕然としました。

しかしながら、これまで社内にいた人たちとは違う関わり方ができる、と思えたのです。

その人と、いろいろな話をする機会を持ちました。

自分の仕事に対する理解が社内で得られないこと、自分の立ち位置のつらさなど、さまざまな話をしました。それによって、これまでのすべてにつながる失敗は、「1人で仕事をしている」「チームの一員としての自覚がない」ということだと、はっきりとわかったのです。

たとえ、フリーランスで仕事をしていても、仕事はチームで進みます。この大原則を、大きな失敗から気づいたことによって、今も活かしています。今では、失敗を相談できる、コーチやプロデューサーがいます。

失敗しない自分より、失敗から成長した今の自分のほうが、次の目的や夢を実現する力が高まったと感じます。成長につながられた瞬間から、失敗は成功に姿を変えてくれます。

あなたがもし今、何か問題を抱えていたり、失敗について思い悩むことがあったら、自分1人で抱えていることのほうが大きな失敗です。周囲を見渡し、一刻も早く相談できる人を見つけてください。周囲の人も、あなたがいい状態であることを望み、そのために必要なことに気づかせてくれるでしょう。夢の実現は、失敗しないあなたにではなく、失敗から成長する学びを知っているあなたに、すばらしい未来ストーリーを運んできます。

過去にやってきたことは、次のステージですべてプラスに活かされる

夢やビジョンを思い描き、それを実現させていく考え方は、大きく2とおりあります。登山のような「ゴール逆算型」と波乗りのような「アドリブ対応型」という考え方です。

私たちが、これまで何度も聞いたことがあるのは、ゴール逆算型と呼ばれる考え方です。「ゴールを決めて、それを達成するための計画を立て、一つひとつを実行していく」といったものです。ここでまず、大切なのは「ゴールを決める」「計画を立てる」「計画を実行する」という3つです。頂（ゴール）に向かって、登山のように計画した道をひたすら進みます。現状とビジョンまでの課題点がはっきりと見えて合理的です。

その一方で、計画どおりにはいかない、合理的だが楽しめない、違和感を感じるといった人も数多くいます。

そんな方には、アドリブ対応型で行動してくださいとお伝えしてきました。アドリブ対応型も、ゴールは決めるのですが、意図して緻密、綿密な計画を立てずに行動するというところが決定的な違いです。**「ゴールを決める」「意図した無計画」「起こることを受け入れ、そのつど対応する」**ことによって、人生のあらゆる場面で起こり得る想定外の出来事に対応し

たり、瞬発的な選択ができる柔軟性を身につけるという考え方です。

この考え方では「〇〇会社に転職する」「デザイナーになる」「起業する」といった明確なゴールでなくても、「3ヶ月後の自分は、今より幸せでありたい」「好きなことを楽しんで、いずれは仕事にしたい」など、自身のあり方や生き方を表現したゴール設定でもいいのです。今目の前に起こることから、『主体的な選択』を行ない、『行動』につなげていきます。行動していく中で、ゴールに近づいているか、イメージした生き方を尊重できているかという視点で、常に物事を見通して確認していきます。

だからこそ、「選択と行動」についての自分の基準値が重要になってきます。鼻がきくとか、肌感覚で感じるといった、五感と称される自分で感じる感覚。さらには、五感＋意志によって「選び取る」チカラ。自分なりの基準値で選び取ることができてこそ、『〃偶然〃をキャッチしてチャンスに変える』ことができるようになるのです。

では、自分の基準値はどうしたら築くことができるのでしょうか。

たとえば、サーフィンを楽しむとしたら、ボードの扱い方、パドリング、立ち方などをおぼえて波に向かいます。波の上でボードに立つ、波に乗る練習＝実践であり、実践こそが練習といった状態です。本来、「練習と実践」「プロセスと成果」といった、対極にあることを表裏一体の関係で同時に体験することになります。

「選択と行動」に重要な自分の基準値というのは、前述のサーフィンのように、「練習と実践」「プロセスと成果」「失敗と成功」といった、あらゆる行動、あらゆる経験を積み重ねた〝経験則〟から見出されます。行動の積み重ねこそが、決め手となります。

あなたは、どんなあり方や心持ちで生きていきたいのでしょうか。そのために、過去の経験があり、今があり、家族や仲間がいて、仕事があるのです。自分らしい生き方こそが、あなたのキャリアにつながっていきます。**今日のひとつの行動こそが、あなたの実現したい未来への小さな一歩となるのです。**

今日、あなたはどんな行動をしているでしょうか。「夢を叶えるんだと言って、晴れた空を見上げる」そんな行動からでもいいのです。あなたが選び、行動することが、人生を変える最初の風となります。

行動したとしても、最初から実現したいことに続いているように思えない場合もあります。それでも、「何か行動する」ことこそが、すべてを変えていくきっかけとなります。

世界の神話を研究し尽くしたことで有名な、神話学者のジョーゼフ・キャンベル氏の語る、「ヒーローズ・ジャーニー（英雄の旅）」をごぞんじでしょうか。

彼は、世界中のあらゆる神話を研究した結果、ひとつの法則を導き出したとされています。それは、人には天命があり、それを果たすための、

①旅をはじめる→②自分に叡智を授けてくれる支援→③挫折や困難に出逢う→④挫折や困難を乗り越える→⑤天命を果たし、還るべき場所へと戻る

こうした流れがあるそうです。この流れを元に、ストーリー構成されている映画が多くあり、『スター・ウォーズ』、『ロード・オブ・ザ・リング』が、その代表作として語られます。

この法則は、神話や物語の中だけではなく、誰もが自分らしいあり方に向かうとき、このようなプロセスを辿ると考えられています。

今を見つめたとき、仕事でもあり方でも、自分が思うように過ごせていないと感じているとしたら、それは、この法則でいうところの「本来の自分らしいキャリア＝人生を築いていく」直前、3番目のステージにあなたがいると考えられます。

実際、私も多くの挫折の後に、自分を奮起させる出逢いや出来事がきっかけとなって、行動につながりました。その行動によって、大きな好転的な結果がもたらされています。

毎日、「今日のベストはこれだ」と楽しみながら、意識的な「選択」をしてください。あなたが選ぶ毎日の行動は、あなたの感覚すべてから湧き立つ、生きた経験則となります。

主体的な選択と行動をすること。それこそが、夢の実現に向けたプロセスや何らかの条件を微細に変えていくので、まずは動いてみてください。

あなたの夢を実現する行程も、ヒーローズ・ジャーニーです。まずは、行動をしてみる。

行動から得られる気付きを大切にする。今日の行動が、明日への経験則として積み重なる。日々の異なる条件に微細に対応しながら、夢の実現に向けた毎日の行動を楽しんでいきます。

もちろん、ヒーローズ・ジャーニーですから、大なり小なり苦難が訪れることもあります。もしかしたら、今、まさに苦難の渦中にあるかもしれません。

それでも、昨日の気付き、今日の行動が、明日をすでに変えています。そして、すべての経験が、次のステージで確実に活かされていきます。

実際に、仕事も、遊びも、幼い頃のことも、直近の経験も、あなた自身の五感という感覚すべてで受け取ったことは、ひとつ残らず、次に活かせる経験則、重要な選択に迫られたとき、「自分を信じて選択する感覚」の肥やしとなります。

計画どおりではなく、想像どおりでもない。けれど、すべての経験が活かされ、想定以上のことが起こる。そうなると決めて、主体的な選択と行動をすることからはじまります。

主体的な選択。それは、思考や行動の柔軟性を持ちます。そのために、いつも無意識にやっていることを意識してみるのです。変えるといいことは変えて、変えなくていいことは変えない、と自分で決めるということです。

今日から、アドリブ対応型の成功の仕方で、あなたらしい人生、キャリアや夢を実現していきましょう。とはいえ、「想像する未来」と「現実の今」がつながっているとは思えない

――そんなときこそ、すべての経験は次のステージで活かせるということを思い出し、「この経験は何に活かせるかな」と好奇心を抱いてみるのです。そして、「頑張らなくても、つい夢中になっていること」を続けてみます。

また、「子どもの頃に好きだったこと」を、もう一度はじめてみたり、「すごいことよりも楽しめること」を探してみたり、「関係のないことをつなぎ合わせて楽しむ」といった柔軟性のある小さな工夫を積み重ねるのです。こうした繰り返しこそが、ある日ふいにやってくる偶然をキャッチして、チャンスとして活かせる感性を育んでくれます。さらに、未来のイメージを乗せた大きな波をとらえる感覚を研ぎ澄ませてくれます。

我々は予定通りの人生を手放すべきだ。
そうすれば自分本来の人生を手にできる。

『ファインディング・ジョー「英雄の法則」』（配給クエストカフェ　日本上映2012年〜）から、ジョゼフ・キャンベル氏のメッセージを最後にお伝えします。

おわりに——たくさんの方々の夢が実現しますように

この本を読み終えて、あなたはどうお感じになりましたか？

今まで、ずっと山登りのような成功法則の本を読み、目標とそれを達成する日を決め、そのための計画を立てる。そして、自分を律するように計画を実行して達成の日を迎える。

それこそが人生のあり方で、目標達成の方法だと信じて疑わなかった人にとって、この本に書かれた〝もうひとつの成功法則〟は、「えっ？　そんなことでいいの？」と、すぐには受け入れがたいものだったかもしれません。この本は、穏やかな海のように、じんわりとあなたの心に波を起こしていくと思います。まずは、微細な波を感じて、それを受け入れて乗ってみる。あなたらしい夢の実現と、そのための行動のきっかけになったとしたら何よりうれしく思います。

人生は、本当に波乗りのようです。いい波と思っていても、ふと足元をすくわれる。あまりよくない波のようであっても、その波をクリアした経験を活かし、もっと大きな波に乗れることもある。山登りのような成功法則とともに、波乗りのような成功法則もあるのです。

あなたらしい人生のあり方、夢の実現の仕方に合わせて、成功法則さえも「選ぶ」ことができます。どちらかということではなく、状況や環境によって、選択肢が増えたということなのです。そのときどき、必要な考え方を柔軟に取り入れて、あなたらしいキャリア、あなたらしい人生を築いていってください。目の前の出来事を柔軟に受け入れ、あなたらしい選択をする。そのためのヒントとして、この本に書かれたことが、ひとつでもあなたの心に響き、何らかの行動につながったとしたら、こんなにうれしいことはありません。

今回の出版にあたり、ご尽力いただいた、同文舘出版の古市編集長、編集者の竹並さん。ともに出版を喜んでくださった、稽古教育流宗家の金政寿さん、『部下を育てる承認力を身につける本』著者吉田幸弘さんをはじめ、応援してくださったみなさま。いつも温かい激励の言葉をありがとうございました。

最後に、人生の転換期に大きなきっかけをくださった清原和博さんと亜希さん。そして、出版が決まったことを誰より喜んでくれた故・大島聡子さんに、心からの「ありがとう」を。

聡子さんは、清原さんの追っかけで出逢った大親友。10年ぶりに野球観戦をしながら出版の報告をすると「本ができたら世界中に宣伝するよ」と言ってくれました。お互いの新たな夢が実現しはじめた２０１２年10月。彼女は、夢の一歩となったタイの地で急逝しました。「自分らしい夢の実現を支える1冊」になることを誰よりも願ってくれたさとちゃんの分まで、たくさんの方々の夢が実現しますように――。

【著者略歴】
善福 克枝（ぜんぷく　かつえ）
魅せる化プロデューサー、ブランド作りスタイリスト、フォトグラファー。
1972年生まれ。青山学院大学を卒業。バブル崩壊後の就職氷河期にやりたいことが見つからず、教育学科卒業という理由から、大学事務職員となる。理事長、学園長秘書を経て、広報室にて大学案内制作の進行管理、生涯学習のためのエクステンションセンター設立を担当。仕事をしながら夜間のDTP専門学校に通い、第一志望の写真雑誌『PHaT PHOTO（ファットフォト）』編集部へ転職。雑誌業界未経験ながら、書店営業、広告新規開拓営業、雑誌制作進行管理、広告記事編集、写真家マネージャー、社長秘書、総務・経理庶務、写真教室・イベント企画運営など、多岐に渡る業務を兼務する。上司不在、営業未経験で、広告の新規開拓営業を１人で任される。公私に渡るあらゆる経験と知恵をフル稼働し、１ケ月で売上３倍増を達成して、広告収入の赤字を３年で黒字化する。編集部退職後は、フリーでフォトグラファー、写真教室講師、イベント企画などの活動をスタート。フォトグラファーとして、のべ6,000人を撮影した経験と雑誌編集部での「読みたくなる広告記事」の企画経験を活かして、「輝く瞬間の積み重ねが、その人の輝く歴史をつくる」をモットーに、成果だけでなく、プロセスも大切にしたプロデューサーとしても活動中。

E-mail:mahalo.kitchen@gmail.com
公式メールマガジン：http://www.reservestock.jp/subscribe/6649

“偶然”をキャッチして幸せの波に乗る7つの法則

平成25年10月4日　初版発行

著者　善福克枝

発行者　中島治久

発行所　同文舘出版株式会社
東京都千代田区神田神保町1-41　〒101-0051
営業(03)3294-1801　編集(03)3294-1802
振替 00100-8-42935　http://www.dobunkan.co.jp

 ISBN978-4-495-52401-2
印刷／製本：三美印刷